臺灣文創新論

臺灣社會的十四項另類文創觀察

彭思舟、吳建忠——著

目次

前言

一個國家的偉大，不在於他的土地面積、武力有多大，而在於那塊土地人民的信仰與價值，一個偉大的國家，是用思想、更好的生活方式去折服別人，而不是用武力去征服別人，英國史上最偉大的首相邱吉爾說，「英國寧願失去一個印度，也不能沒有莎士比亞」；俄國大文豪托爾斯泰也在一九〇五年日俄戰爭俄國戰敗後，鼓勵自己國人說，「日本還不算偉大的國家，因為他們還沒有柴可夫斯基」；美國直到二十一世紀初，還是被認為是全球最強大的國家，但美國的富強，其實早在上世紀初，美國人愛迪生發明的留聲機、白熾電燈泡（台灣話叫做「電火球」）在歐洲舉行的萬國博覽會上，做正式展示，開始全面驚豔、影響全人類生活時，上帝就已經預示，美國將會取代當時號稱「日不落國」的英國了。

我們的台灣，以土地與人口而言，在這世界都算是一個小國家，台灣土地面積三萬五千九百一十五平方公里，約佔地球土地面積千分之零點二三；人口約兩千三百萬人，占全世界人口約千分之三點五，但你或許不知道，如果這個世界沒有台灣，全世界有九成八以上的民眾，將買不起手機這樣東西、有五成以上的人，甚至將連電腦長什麼樣子都可能沒看過；你或許不瞭解，台灣的珍珠奶茶，在美國矽谷比星巴克咖啡更時尚、更屌；你一定不知道，台灣ＫＴＶ文化在全世界解救多少苦悶的上班族，帶給人類的快樂與high的感覺，一點不會比美國職籃ＮＢＡ遜色；你也一定沒聽過，台灣牛肉麵其實從來都不是源自於中國大陸，它是所有生活、歸屬在台灣的台灣人，不分外省、本省、原住民族群，一起在過去顛沛流離的生活中，創造出來的台灣原創美食記憶。

你或許不會相信，生活在台灣這塊土地的人，是全世界生病最不用擔心的，因為我們有世界上最便宜、品質最好的全民健保；台灣也是全世界生活最方便的地方，不管你何時何地想買東西，台灣從海拔二〇七〇公尺的高山，到你家旁邊，都找的到便利商店，事實上，台灣擁有全世界密度最高的便利商店，連日本人都組團來考察；台灣還有好多好多很棒的地方，從現在開始你一定要知道，做一個台灣人，真是值得驕傲，連台灣的媽祖，都比全世界的媽祖還要創新，因為「繞境」這件事情，就是台灣媽祖的創新代表作，因為媽祖每年都要繞境，也帶動了地方經濟的發展，這樣的民俗活動，也影響到媽祖原產地大陸，及國外的媽祖，都開始這樣做，世界因為有台灣，已經變得比本來更好！

其實這幾年，存在台灣的社會裡，打開電視、翻開報紙，看到、聽到的壞消息總是比好消息多，社會上似乎總是感受到一股有點沈悶的氣息，這幾年，有人說，台灣是在空轉，但真的是這樣嗎？如果我們願意拋開主流的思考角度、去除知識份子的傲慢，真正走進台灣民間社會去看一看，我們會發現，台灣到處是活力與生機，台灣民眾的表現真的很不錯，也真的非常打拼，我們不但有二十四小時的書店，台灣甚至連寺廟神明都有二十四小時開放不休息的（台北龍山寺），挫折與灰心不應該是台灣人生活的形容詞。

這幾年或許台灣政治在空轉，但台灣民眾並沒有在睡覺，他們所散發出來的努力與成果，已經一點一點影響、改變了世界的臉孔，做為全世界地球村一份子的台灣人，所發揮的創意與生活智慧，的的確確有一步一腳印在積累，並且已經讓這個世界因此變的更美好，讓住在世界其他地方的人們都因此尊敬住在台灣這塊土地的人民。

台灣，其實什麼都有，我們台灣人唯一最缺少的東西，就是自信與希望。

一、珍珠奶茶

最能代表台灣柔性國力的飲料

相不相信，光憑飲料就能看出一個國家的柔性國力？如同二十世紀伴隨美國文化席捲世界的「可口可樂」，成就可口可樂就等於美國文化的百年傳奇；珍珠奶茶也可以說是最能代表新台灣的文化名物，因為它不只外表營造出多層次的美感，滿足人的感官視覺享受，而且又加入粉圓，讓人在享受液體飲料的同時，又可以感受到粉圓固體的嚼勁，創造出全然一新的味覺體驗，再加上又有牛奶的成分，讓人也可以因此有飽足感，這充分體現了台灣人的浪漫、創意與務實，所以說，珍珠奶茶是最能代表台灣想像力、創造力，甚至是柔性國力的飲料！

難怪連台灣國防部都曾用珍珠奶茶做例子說，只要全台灣國民每人少喝一杯珍珠奶茶的錢，就可以有足夠的錢買美國供給台灣需要的武器，只是國防部可能不知道，台灣珍珠奶茶早已經不費吹灰之力，不僅反攻大陸建立了幾萬家據點，甚至還把台灣國威順便到美國、日本都大大宣揚了一下。事實上，風靡了全台灣的珍珠奶茶，威力其實早已橫掃國際，在一九九七年成立、美國矽谷最大的台灣珍珠奶茶連鎖專賣店「夢咖啡」，證明台灣珍珠奶茶的魅力，連老美都無法擋，而且還打入上流社會，進駐矽谷高級精品商圈Santana Row大街，與Gucci及Tod's等名牌商店並列，最後珍珠奶茶導致茶飲料在美國的流行，甚至逼得咖啡店帝國「星巴克」二〇〇五年在美國本土，也不得不推出類似的茶飲料，以應付台灣珍珠奶茶掀起的茶飲料攻勢。

連口味最刁鑽的日本人，也熱愛珍珠奶茶他們叫它「QQMILK TEA」，流行於台灣街頭的飲料吧甚至出現在日本街頭，一個金髮濃妝短裙日本妹喝著「QQMILK TEA」在時尚的街頭走過，看的我感動到淚水直流！身為台灣人總算除了看日本人製作的美食節目外，也能一吐鬱悶，因為我們的珍珠奶茶也征服了他們的味蕾，真是值得驕傲啊！

珍珠奶茶，這種同時擁有飲料、小點心與趣味食感三種功能。濃腴香甜的奶茶本身就是受歡迎的茶飲，粉圓原來就是人氣點心「青蛙下蛋」，組合在一起成了兼具解渴、解饞、與嚼時樂趣的全新飲食，細觀世界飲品，有哪一種飲料跟珍珠奶茶類似呢？就像一百年前，誰也沒料到，一個藥劑師能將碳酸水、砂糖及某種原料混合在三腳壺裡，讓清涼的「可口可樂」誕生；當然，誰也沒想過，一個意外地突發奇想，豆花裡的粉圓跳進紅茶化身珍珠奶茶，這屬於台灣人的想像力，竟然成就了史無前例的液態兼容固態的超級創意飲品「珍珠奶茶」的問世。珍珠奶茶最早出現時，還有另一個名稱叫波霸奶茶，也許是因為它流露出只有「台灣正妹」身上才有的香甜氣息吧！

這樣的解讀並不誇大，第一次喝到珍珠奶茶的我，對它的驚豔度絕不亞於第一次親眼看到台灣第一美女林志玲。那是一九八八年的一個炎熱夏季。當時穿著把奔放心靈制約的高中制服、全身散發鬱悶氣質的我，在假日的西門町閒晃時，喝到珍珠奶茶的那一剎那，制約的心靈瞬間完全溶解在八月仍要到學校補習的大太陽裡，在我那預語還休、龜毛可期的青春歲月裡，這種交織著甜蜜與奶香的味覺體驗前所未見，當時我對珍珠奶茶的唯一評語是「哇，這是什麼東西，真好喝！」。

因此，高中時期當年的暑假回憶，除了煩人聯考（現在叫大學指考）、被當的數學、公車的女生，還多了一個記憶叫「珍珠奶茶」。當時有一杯混著奶香，盈滿嚼勁的珍珠奶茶，在圖書館就有了向上的動力，它像酒鬼手上的高粱酒，能化解被排列組合方程式搞到爆的危險心靈。當數學老師的臉孔模糊了、教科書扔掉了、想追的女生不屑了，十多年的光陰寒暑過去了，珍珠奶茶卻仍然像一個流行名詞，應該是「專有名詞」一樣屹立不搖，它成了跟咖啡、紅茶性質一樣，屬於台灣人日常生活不可或缺的尋常飲品，總是在漫長午后睡蟲來襲、下班悠閒回家時，想買一杯喝喝來打牙祭。那種感覺不同於品味咖啡是要創造一種附屬的時尚都會品味，它的感覺而是一種屬於台灣的、想回家、想在自家小吃攤喝杯茶好補充元氣、解解饞的滋味。

究竟這樣帶給人類心靈無限滿足一如甜點的幸福飲品是從何時溯源？講起珍珠奶茶的起源，台灣台中與台南的茶飲料餐廳，曾經有過爭執，到底誰才是創始人？最後甚至鬧上法院，但因為沒有一家店有在最初創始的時候，去申請配方的專利或「珍珠奶茶」的商標，所以，最後法院也無法斷定誰才是創始人，但珍珠奶茶起源最可靠的說法，一般台灣美食界都同意，這要先從泡沫紅茶說起：冷飲茶在七〇年代的台灣其實並不普及，一般人對於「茶」的印象，停留在熱呼呼的中國茶、老人茶裡，不過當泡沫紅茶店開始在街頭出現時，冷飲茶就漸漸走進市場裡。因為茶飲是最能解渴的飲料，但在大熱天喝茶不是身體有幾分功夫，實在難以消暑！於是業者開始將茶飲冰涼化，創造了各式各樣的冰茶。不過，「將茶冰喝」的歷史久遠，早在X百年前的宋代就已出現，當時依季節來品味茶，只是一直沒有普及，也許因為高級的茶得靠熱飲才能彰顯其層次分明的味道，冰飲搶去茶葉甘醇香的層次運轉，所以並不提倡這種喝法。

不過，普通等級的茶葉，尤其是台灣紅茶，即使冰飲一樣能保留其強烈的茶味，於是泡沫紅茶店帶進了口味繽紛炫目的冰涼茶飲如百香紅茶、金香奶茶、柳橙紅茶、芋香奶茶……，種類和咖啡不相上下，甚至遠遠超越。據考證，台灣珍珠奶茶的起源，約在一九八三年左右前後，當時台灣流行手搖泡沫紅茶，據傳一位台中或台南的茶飲料工作人員突發奇想的將原本是地方小吃的粉圓（一種用地瓜粉揉成的小丸子）加進金香奶茶裡，珍珠奶茶就此誕生！但要作出好喝的珍珠奶茶並不容易，品質穩定的黃牌紅茶是常用茶葉，搭配原本是咖啡伴侶的奶精（牛奶是泡不出正港滋味的喔），加入煮的Q軟有彈性的珍珠（粉圓），三者融合而一叫成了好喝濃郁的珍珠奶茶，其中「SHAKE」的功夫會影響茶飲口感，用攪拌的方式交織不出好喝的奶香，只有用手搖才能成就綿密的泡沫和真正的好味道，當然還有糖水的添加比例等，這就是台灣每一家飲料吧的商業機密了，這也表現出台灣社會多元化的特色，同樣是台灣的珍珠奶茶，但街頭這一家與巷尾的這一家，口味可都不一樣喔！

從全球在地化（Globalizations）的角度來看

Globalization與Localization的難題，目前我們面對的是全球化時代（globalization）的流動經濟，這是一個弱肉強食的殘酷競爭，人們只能在馬斯諾需求論中的外在需求中打拼，很難有喘息的機會去思索自己的定位與自我提升的精神層面滿足。在許多知名學者振臂高呼全球化的同時，我們也看到為數甚多在地的社會行動者，堅持著對其土生土長的土地有著更信賴的原初認同，奮力著對古老歷久彌新的鄉土載述事件，有著更強烈的共同意識與集體行動。

全球化具體概念化的三種主張

類別	超全球主義論（hyperglobalizers）	懷疑論（sceptics）	轉型主義論（transformationalists）
主要特徵	全球各地居民逐漸成為全球市場法則的規範主體，重視全球市場法則的建立	隱藏國際經濟體系逐漸分裂成歐洲、亞太與北美三大主要區域集團的事實	全球所有國家與社會在企圖適應更密切聯繫但處於高度不確定的世界

中心思想	麥當勞之類的多國籍企業	國家利益至上	模糊而不確定
國家統治權利	衰退或腐蝕	強化或提高	復甦或重建
歷史軌跡	全球文明化	區域集團與文化衝突	全球整合與分裂
概念化／主張	全球化是人類行為架構的重新安排	全球化即國際化與區域化	全球化是國際關係與遠距行為的重行安排
簡要結論	民族國家型態結束	仰賴國家支持與默許的國際化	全球化促使國家權力與世界政治的轉型

資料來源：沈宗瑞、高少凡、許湘濤、陳淑鈴譯（1991），Held，D. & McGrew，A. & Goldblatt，D. & Perraton，J. 原著。全球化大轉變。台北：韋伯文化。

我們看到台中市經營泡沫紅茶店「春水堂」的劉漢介先生，自稱於一九八三年開始實驗製作奶茶，又說是店內女職員無意中調製成功。當時所加材料為水果、糖漿、糖漬地瓜、和粉圓。而臺南市翰林茶館涂宗和先生所發明，據稱約一九八七年在鴨母寮市場見得白色粉圓而得到靈感。故早期珍珠為白色，而後才改為黑色今貌。雖然有這麼好的創意，但這兩間店皆未申請專利權或商標權，這實在是很可惜的一件事情。

一九九〇年代前半，由於泡沫紅茶店是咖啡店流行之前，上班族談生意與學生聚會的熱門場所，珍珠奶茶開始廣受學生喜好。接著在學校附近或補習班密集的地區、夜市等，逐漸出現珍珠奶茶的攤販。

一九九〇年代後期，有業者引進「自動封口機」取代傳統杯蓋。許多新的投資業者也採用自動封口機開始拓展連鎖外帶飲料店業務。自此外帶式的珍珠奶茶店成為主流，也因為連鎖店的參加，商人開始將珍珠奶茶拓展到全世界，成為台灣國際知曉的知名食物之一。

珍珠奶茶開始全球化，全球化的競爭常出現贏者通吃的情況，大家都選全世界最好或最便宜的產品，看李安得大獎的電影、聽女神卡卡最紅的歌、買哈利波特最暢銷的書，也相信國際大師的意見。於是不只這些「全球之最」能得到極高的所得，很多人也覺得未能搶到全球頂尖的那些人可能無法再有高所得。有人甚至以為中間所得階層就要消失。然而實際情況並非如此，有能力但未搶到世界第一的人仍有很多發展空間。

在以全球做為一體化的趨勢裡，贏家往往不是面目模糊的全球化均質現象，反而是能夠掌握自身獨特定位，發展出自我風格的「在地化」（localization）。當所有地理空間因素都已克服，世界變得越來越一致時，地方的感覺、特色與魅力就成為差異所在。地方質感、營造地方的吸引力、與在地文化與景觀不僅為人所欣賞，也為人所消費，民族意識向下潛移，而在地認同卻向上提升。然而，在全球化的競爭與擠壓下，我們要如何掌握各種多元豐富的資源與價值？全球化與在地化的具體概念為何？全球化與在地化是相容相生，抑或是對立拉扯的面向呢？相容又相對的辯證關係又該如何釐清呢？在全球化當道與在地化逐漸勃興的同時，又該有什麼省思呢？

全球化讓許多產品變成全球競爭，而只有少數人或少數廠商能在其中勝出，並得到大部分市場和利益。但有很多產品因為運輸成本及特殊文化偏好等等因素，並不是全球都能同時加入競爭，而會區分成很多個關聯性較低甚至幾乎互不相關的市場。這些小一點而非全球性的中、小市場中，分別就可有一些非全球性而只是區域性的贏家，他們雖不像全球的贏家那麼富有，但也絕非低所得者。這類非全球性市場很多，因此，未能在全球市場成為贏家的人，仍有很多機會成為另一類的贏家。

這類區域性市場有些是因產品不易貿易的特質，而自然形成不同地方有不同市場且各有自己贏家的現象。例如以目前的技術，外國再好的鮮奶都難直接賣到台灣來，因此我們就有自己的品牌和贏家。不過隨著運輸技術的進步，以及技術授權及連鎖經營的發展，這種純因貿易困難而存在的地區市場也因全球化而漸減少。

區域性市場更重要的成因是各地環境、語言、文化、偏好的差異。例如唱英語歌的歌手若能在全球競爭中勝出，自然是大贏家；但唱各地專用語言之歌曲的歌手，仍能在各地市場成為小贏家。麥當勞即使遍布全球，我們的擔仔麵和黑白切以及各國特色食品，仍然有它們自己的市場。這種特色市場也不見得都是固有的市場，有能力和創意的人可以根據他所瞭解的當地環境和文化等等因素，創造出符合當地的特殊產品，而自成一個不同的區域市場，並讓自己成為其中的贏家。

本土產業也可以外銷，這兩類區域性市場由於較少外來的競爭，因此市場規模即使不大，其中的贏家仍可能有甚大的利益。特別是建立在各地語言、文化等特色之上的區域性市場，外地人即使想用國際投資等方式加入競爭都不容易。因此，本地企業家面對的競爭更少。不過，若大家只在傳統已存在的少數本地特有產業中相互競爭，利潤及相關人員的所得仍會因彼此間的競爭而降低。但依本地文化特色而新創產業不僅是開拓出新的市場，其特色外國廠商也更難辦到，因此，更可能是得到高報酬或高所得的重要方向。這些建立在本地文化特色之上的新產業若是融合了新的技術或外國的文化，也可能成為可以拓展國外市場的產業，這也是政府過去幾年積極推動文化創意產業的主要原因。

臺灣的KTV、婚紗攝影、乃至泡沫紅茶和珍珠奶茶，都是先建立在本國特色，然後又能擴張到國外的例子。不過，我們應該還可以有更大的發展空間。譬如說，嚼檳榔是台灣人的壞習慣，但這種壞習慣也可能會有創造出無害的人造檳榔或檳榔口香糖之類新產品的機會，就像石油即將用罄，替代能源的研究將會加速。只可惜我們的廠商和研究機構並不去注重這類機會。我們的大學和研究機構更常因過度獎勵在國外的著作，而使研究人員只顧跟著外國的流行去做研究，結果不只在國際上因為是跟在人家後面跑而不易成為贏家，同時在國內也因為不注意本國特色而不具解決本國問題的能力，也失去許多藉本國特色發展出新領域和新技術，並在其中成為贏家的機會。

在地理上的區域特色市場之外，另外還有更多產業可利用特色而在全球市場中分出一塊局部性的市場，以隔開全面性的競爭。把這些特色差異當成地理差異來看，它們和區域性市場的性質是相同的。例如，個人電腦市場是個全球性的大市場，其中的贏家都是極大的企業。然而工業用電腦需要不同特性，而其市場也較小，因此，我國就有規模不是極大的企業在其中發展經營，而成為這個「區域性」市場中的贏家。

我國大量的中小企業過去曾在產品差異化上得到甚好的成果。然而近二十年來這種差異化的本事似未能再擴大發揚。原因之一是我們太習慣由別人大量代工中獲利，因而較忽略小規模差異化市場的機會。另一個原因則是我們因為得到中國大陸這個低成本加工基地的機會，因此只顧利用這種機會來降低成本，而忽略了創造新技術和新市場的重要性。這也是十多年前波特（Michael Proter）教授對我國廠商太重視去中國投資之現象所提出的警告。

全球化有利小廠商發展特殊產品，所幸我國是思想較自由靈活，文化知識也多元化，廠商亦有極多國際經驗的社會，因此我們其實頗有能力在全球市場中找出一些可以形成特色市場的空間。以往由於運輸和貿易的困難，以及我國貿易和行銷管道多被日本商社或外國大企業所掌控，因此這類特色產品不是不易行銷，就是會受到剝削，特色帶來的利益並不一定很大。現在全球化的結果，許多相當特殊或產量不大的產品，一樣可透過網路等方式行銷世界。小規模的廠商也可在全球各地找到支援生產的其他廠商或零組件，而幾乎像大企業一樣有效率地把產品生產出來。

長尾理論來看縱軸為人口（popularity），橫軸為產品（products），根據此分類區分為大頭（head）與長尾巴（long tail），該理論表示我們應該反向思考，不再是集中精神於前百分之二十的大頭，而是應該注意百分之八十的長尾巴。換句話說，全球化時代（根據長尾理論），企業應該思考的是如何提供一平台（特別是網路平台），將不同種類的商品（對應到小市場）集合成一大市場，並提供服務給原本百分之八十的客戶群以獲取最高報酬與利潤（此理論另一意涵在於如何提供平台或整合平台，並且佈局以往所忽略的市場）。此外，長尾理論與普哈拉教授（C. K. Prahalad）的大著《金字塔底層大商機》（The Fortune at the Bottom of the Pyramid: Eradicating Poverty Through Profits）有相似的概念，亦即提供與滿足開發中國家與未開發國家廣大人民的需求，也能夠創造巨大商機。

因此，全球化使我國人民和廠商有更多機會在全球市場中發展局部性的特色市場。找出別人沒想到的特色產品和市場就是「藍海策略」;「世界是平的」可使中小企業一樣能運用全球資源和市場。所以,小量的特色產品也就像「長尾理論」所說的那樣,可以聚全球各地很小的市場,而成為規模夠大而有利用價值的全球「區域性」市場。不管是個人或廠商,都有機會在這類區域性市場中成為贏家,而不是非要在全球性的市場成為贏家不可。我國若積極發展上述各類區域化市場,全球化使所得分配惡化的威脅也可以降低。

二、KTV

席捲全世界最有台灣味的娛樂

有人說，過去的二十世紀就是美國化的世紀，政治要學美國的兩黨政治、全球股票市場要受美國股市的影響、到處都看的到是美式速食麥當勞，連生活娛樂不是流行看美國的好萊塢電影，就是看美國NBA籃球、職棒，不過，在二十一世紀的今天，台灣人在影響全球娛樂生活中，至少可以有一項值得驕傲的，那就是我們的KTV娛樂文化，很多台灣人不知道，這項從台灣民間開始流行的KTV文化，甚至已經像美國的NBA籃球一樣，深入全球社會的角落，滿足每一個人娛樂、追求自我的心理需求。

KTV意即Kara-OK Television的縮寫，它的前身是卡拉OK（カラオケ），係由日本人所發明，一種客人可以跟著伴唱帶隨興高歌的影音設備。緣起於「那卡西」式，邊聽表演者唱歌、邊用餐的的飲食模式，從日本流傳到台灣後，由台灣企業家將其轉型，結合MTV，將卡拉OK演變成能讓客人在一個小房間、照著電視小螢幕播映的歌詞，上台後隨著旋律、拿著麥克風哼歌的卡拉OK，最後漸漸轉化在裝潢超級豪華並擁有隱密功能具有大營幕或投影系統唱歌設備的私人包廂，盡情歡唱的KTV文化，這股如火般的熱潮，在台灣流行20年來都不曾退燒，在香港還變成一種「K歌文化」，甚至從華人世界發揚光大、席捲全球！

ＫＴＶ可說是台灣最傑出的一種衍生性創新商品，一如晶圓代工的商業模式，台灣ＫＴＶ文化的起源，在於台灣商人將ＭＴＶ與卡拉ＯＫ結合成ＫＴＶ，並且將設備更豪華化、但價格平民化。我記得自己第一次走進ＫＴＶ華麗的包廂是十九歲，當時是大學時代，當流行的歌曲在螢幕上不斷地播放，我的情緒也不斷地高昂，當時年輕的我非常訝異地看著原本害羞的同學唱著拿手的歌曲，也意外平日口齒不清的學弟，竟然能在麥克風前穩如泰山。ＫＴＶ真是有種媲美酒精的神奇魔力！一方面能讓羞怯的人重新找回自信，一方面能讓壓力隨著盡情唱歌消失殆盡，它滿足了作為一個普通人，釋放壓力與渴望成為「焦點」、「偶像」的心理需求，許多都會工作身心疲憊或因愁事煩心的人、每個擁有表演慾的人，都可以在ＫＴＶ得到抒解，隨著音樂聲響起，每個人都可以成為歌手，每個人都是表演家，就像每一個看美國職籃ＮＢＡ的小男孩，都渴望有一天成為魔術強森或麥可喬登一樣。

二十一世紀決定一國國力的東西是「設計」，或說是「知識創新」，它們都是一種人腦的傑作，觀察台灣的市井文化，不難發現台灣人如湧泉般創意，從不間斷地在飲食、娛樂等事務中出現，台灣人的知識創新、活力、生氣，其實就流傳於台灣大街小巷，有更多就存在我們的生活之中，只要細心去觀察，一定就可以看見台灣人的創意結晶。

從沉默螺旋理論（spiral of silence）角度來看

在政治傳播理論中，還有個與選舉及民意相關的理論，那就是「沉默螺旋理論」（spiral of silence）。沉默螺旋理論來自於一位德國的女性傳播學者——諾爾紐曼（Noelle Neumann），自身的經驗讓她導出了「沉默螺旋理論」。

「沉默螺旋理論」假定，為了避免在重要的公共議題（如：政黨支持）上產生孤立的情況，許多人會受到「他們所認為」環境中主流意見或衰微意見的影響。假使人們感覺到本身是居於少數時，他們會容易隱藏自己的觀點。而如果人們感覺本身屬於主流意見時，會比較願意表達。結果，被認為屬於「主流」的意見就越強勢，而屬於「另類」的意見就會更加退卻。這就是所謂的螺旋效果。

「沉默螺旋理論」主要關心四種因素之間的交互作用：大眾媒介、人際傳播與社會關係、個別的意見表達，以及個人對於自身社會環境中「意見氣候」的感知。沉默螺旋理論的重點在於，大眾媒介是最容易接近使用、以及評估主流意見的來源，假設某種觀點在媒體中非常盛行，在接下來個人意見形成與表達的階段中，這種觀點的主流性也容易被擴大，甚至是誇大。筆者常常看到PTT實業坊網友的論戰，特別是在O2版，彼此之間酸來酸去的情況，誰還敢發文看看，請看中國大陸一個沉默螺旋的經典案例：「學歷太重要了」。

首先，網上出現了這樣一個帖子：

> 我是博士生，我深知學習的重要性.通過這麼多年的學習，我已成功地使自己由一個農家子弟變成了處級幹部，現在不但有專車接我上下班，而且還住著一百多平方的房子，月收入達到了三千多塊，還娶了一個漂亮的太太，我過上了幸福的生活，我感謝生活……

然後，各式各樣的回文就出現啦：

A回文如下：我是碩士生，我深知知識的重要，於是我選擇了學醫。現在是某眼科醫院的主治醫生，月入萬元有餘，我不但買了房，還輕鬆地供了車，醫院最漂亮的護士MM，天天要求我和她結婚。說實話，這婚有什麼好結的，在一起睡不就得了。

B回文如下：我是本科生，現在一房地產公司搞策劃，去年分紅才十幾萬真是一年不如一年，前年還分到二十多萬，今年就成了這樣……

C回文如下：我是大專生，經過多年的努力，終於當上了公司的財務經理也不知為什麼，老總對我總是那麼好，不但月月給我六位數的工資，而且還送了一套房子和一輛汽車給我，銀行裡的錢夠我好好過完這輩子了……對了，我們是上市公司。

D回文如下：我是中專生，唉，也就算個高中文憑，找不到好的工作於是就做了報關員。我充分啟動了我的大腦，也有房有車了，與你不同的是，這些都是我自已買的。想想挺不容易，我兒子上美國留學的錢，我都替他存夠了，下一步計劃，就是找誰替我生個兒子……

E回文如下：你們吵什麼吵呀？我沒什麼文化，初中都沒畢業。找不到好工作，只好天天在家打麻將。由於沒有文化吧，算牌老是不準，今年輸了一百多萬。對了，你們要是有興趣，有空一起打牌呀。我家住南方某某村的，我爸是村長，我的電話是一三九〇二九X八八八八……

F回文如下：我是文盲一不小心當上了董事長，手下只有二十六個上市公司，幾個不孝子一開口就要三百萬去唱KTV，改天再找一個十四娘好好管管這幾個不孝子。

G回文如下：我是法盲，一不小心當上黑社會老大，手下兄弟百十個，掌管六十多條街，若干店鋪和娛樂城，每年收入幾個億，每天傍我的妞幾十個。對了，由於沒有文化，現在正請博士幫忙上市呢！

H回文如下：我是白癡，他們選我當美國總統，我沒事就打打阿富汗，攻攻伊拉克，死它一兩萬人。

有了這樣慘痛的教訓，你下次還敢發文嗎？但是，台灣的KTV文化就不存在這樣的現象。

「我已經相信有些人我永遠不必等，所以我明白在燈火闌珊處，為什麼會哭……！」歌手陳奕迅這首「K歌之王」的音樂錄影帶畫面，搞笑而真實地呈現台灣KTV文化的種種。當你在包廂裡拿著麥克風忘情放歌，而身旁的朋友，有人專心地在點歌螢幕上選曲，有人正以觸控面板調整包廂內的空調溫度……。這幅KTV的包廂即景，相信你並不陌生。到KTV唱歌，已經成為華人世界特有的休閒活動之一。而在一九八九年結合卡拉OK和MTV，首創台灣第一家KTV的「開山祖師」錢櫃，在台灣消費者心中，已成為KTV的代名詞。

根據天下雜誌二○○四年九月蔡燿駿提到KTV具有簡易和私密的優缺點，解消了不擅歌藝和害羞靦腆的人的疑慮，立即得到台灣社會普遍的喜愛。但是這兩項有別於傳統卡拉OK的改變，弔詭地摧毀了傳統卡拉OK的最大特色。KTV的簡易化，讓原本不擅歌藝，抓不到節奏的人，只是借助歌曲MTV的幫助，能夠唱完一首歌。傳統卡拉OK的伴唱帶，只是提供了樂隊功能，提供非職業歌手的表演機會，大量提高歌唱人口。

在台灣，任何人都喜歡到錢櫃、好樂迪KTV唱歌，不但可以宣洩壓力，還可以和同儕交流，同時，透過唱歌還可以克服膽怯，培養另類的「自尊」。

經過幾年的發展，台灣的KTV已經和酒店脫鉤，基本上可以算是個「正當場所」。私密的KTV改變傳統卡拉OK的文化形式。以前的卡拉OK，固然因搶麥克風而時有爭執，但形成了一個具大眾空間感的娛樂文化，輪流上臺，自己表演，也傾聽別人的歌唱。聽到好的演唱，多半不吝惜掌聲喝采；唱得不好，也總有些人給予鼓勵、「安慰」的掌聲。換言之，那是個公眾交流的場域，在當中體現和實踐與公眾交流的對應方式。是一種大眾休閒娛樂方式的演進。從單向地觀賞表演（如演唱會、電視廣播節目等），變成民眾與民眾間的表演，隱約帶著競技與炫耀的意味。

KTV反映既有的文化形態中，公權力對公眾在公共空間所產生的疑慮與警戒；以及資訊科技社會下，人的壓抑與疏離，盼望發洩、親近，並滿足年輕世代的歌星夢。因此當KTV出現後，很快便襲捲了整個卡拉OK市場，傳統卡拉OK僅能倖存於酒店中，或廟會、普渡、辦桌的附屬娛樂。這些店中，店主、夥計與顧客打成一片，顧客到來，不只是來消費，也尋找某種精神上的歸屬感，一起分享歌聲、歡樂與悲傷。卡拉OK族群年齡層高於KTV，性質類似四健會、麻將會、平民老歌演唱廳，可敦親睦鄰、可發抒情緒和政論，容易形成意見領袖，甚至是地方政治人物的宣傳管道。

在所有的社會裡，人們都會不斷觀察哪些意見和行為模式是為公眾所認可或不容者。覺得自己被認可者，就樂於在公開場所將自己的想法行諸於語言或行為。而那些自己的想法會使自己被公眾孤立的人，就會陷入沉默，並因此使自己的想法更行消弱。而KTV式的隱密小圈子，藉著「私密性」，使得這種演唱方式普及化，成了公眾活動的重要項目，這也算是一種弔詭吧！它是大塊區域分割成大大小小不一的小空間，可每一個小空間大同小異，不同的一撮人了進去了，渴求的幾乎雷同，無非是盡興、快樂，點的歌或有新舊之別，但也只是紅與不紅、當季與過期的差別而已。像是細胞分裂、繁殖，而歌像是泡泡。

二、KTV

1000110000000111111
1000110000000111111
1000110000000111111
1000110000000111111
1000110000000111111

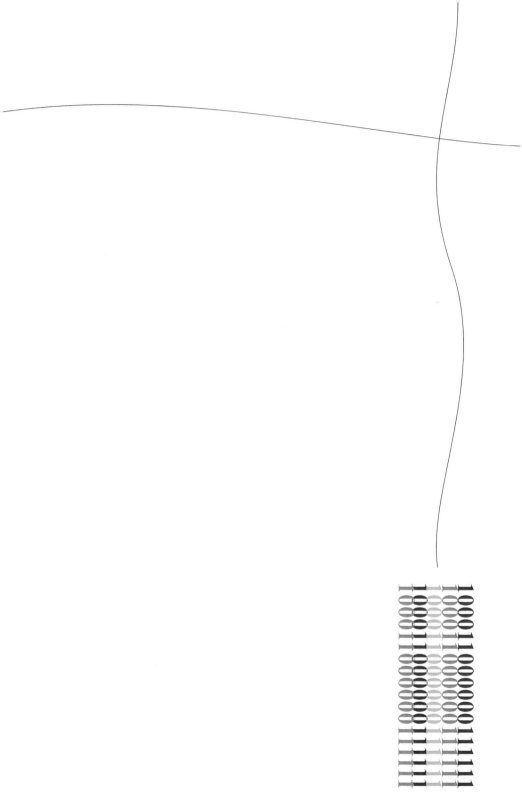

三、世界電腦代工製造

人類科技文明的重要推手

改變全人類生活面貌的工業革命，從十八世紀中葉到二十世紀末，一般歷史學家認為有三次，其代表性的工業革命級產品分別是蒸氣機、電力與電腦通訊技術，前面兩項殺手級產品的誕生時間，台灣當時都還屬於是世界的邊陲，根本沒有任何參與的機會，但到了二十世紀八〇年代電腦誕生並開始推廣改變人類生活的面貌時，台灣已經身處這場重要性不亞於十八世紀工業革命，一般稱之為資訊革命時代的核心群。

目前全世界一半以上的電腦都是made in Taiwan，包括六十一％的筆記型電腦、五十六％的ＬＣＤ、七十五％的主機板、八十％的電腦機殼、九十三％的掃瞄器、以及七十四％的交換式電源供應器，也因此，一九九九年台灣發生九二一大地震時，全世界科技股市幾乎都受到影響，因為一般將產品市場佔有率超過五〇％的稱作寡佔，寡佔者就可以掌控價格與流通，試想，全世界石油若突然因為天災人禍減產五十％，世界經濟會不會大亂？當然，台灣自有的電腦品牌並不多，全世界大部分電腦只是製造在台灣，並不代表品牌也是台灣品牌，但如果因此抹殺台灣在世界資訊革命的地位，那可就大錯特錯呢！因為台灣電腦製造業的訂單可不「求」來的，而是台灣商人將「製造」本身，也變成一種品牌，那代表的市場競爭力是，「誰想在國際市場上贏，誰就要找台灣合作」，也就是誰家的電腦想在國際市場上有競爭力，就必須與台灣製造商合作，一如在十六世紀中葉的航海大發現時代到十八世紀末，約兩百多年間，誰想要從事海洋貿易，誰就必須與荷蘭船隊或荷蘭所屬的東印度公司合作，台灣在目前世界資訊革命浪潮中，扮演的正是當時荷蘭的角色！

而且對於全體人類更重要的事情是，因為有台灣優秀代工製造品牌的加入，將所有的電腦產品，變得品質更好、價格更便宜，讓全世界人類都可以買的起，加速縮短落後國家與先進國家的資訊差距，最代表性的例子，就是二〇〇五年一月，美國MIT（麻省理工學院）發展的一百美元電腦，也就是OLPC計畫（One Laptop Per Child，每個兒童一臺筆記本電腦），這項藉由生產接近一百美元的筆記型電腦，給對這項計畫有興趣的開發中國家，尤其是非洲國家的兒童使用，將可以大幅降低知識鴻溝，故又稱百元電腦。

這台綠色的小電腦有一個手動搖桿，靠著轉動搖桿就可以產生電力，這是為了考慮開發中國家電力供應不便而設計的。它有電腦模式、電子書模式、遊戲模式、電視模式等功能。同時，小朋友用來斜背以隨身攜帶的背帶，到了有電源的地方就可以當作電源線插頭使用。這樣的百元電腦，就只有台灣優秀的代工製造能力可以做到，所以ＯＬＰＣ計畫在二〇〇五年十二月選擇台灣ＯＤＭ廠商廣達協助開始投入製造生產，這是所有台灣人的驕傲，也是台灣在人類資訊革命中，對世界做出的重要貢獻。

從發展型國家（Developmental State）角度來看

「發展型國家」（Developmental State）被認為二次大戰後是最成功經濟發展典範。「發展型國家」最早是由政治學者所提出，且焦點多放在「國家／市場」關係。Johnson認為東亞國家如台灣和日本的經濟成就乃是由「公」（public）和「私」（private）部門良好的「合作機制」（cooperative mechanism）以達成「經濟效率最大化」（primary efficiency）目標。[1]這種以政府官僚來為國家決定未來發展的重點產業，並以國家資源挹注扶植其發展的發展模式，後來被學者稱為「發展型國家」（developmental state），指的是一個國家以經濟發展為目的，其有效介入市場來引導私部門發展，並以卓越的官僚

1 Chalmers Johnson," Introduction-Taiwan Model," in James C. Hsiung.1990. edited. Contemporary Republic of China：The Taiwan Experience 1950-1980. (NY：Prager. 1981). ,pp.1-30.

體系在免於社會壓力的前提下制訂並推動政策。

另一個版本的「發展型國家」則是由社會學家提出，主要關切焦點放在「國家／社會」關係。Evans認為「發展型國家」特徵必須具備兩個要件是是國家與社會關係的強「鑲嵌機制」（embeddeness）和強國家「自主性」（autonomous）。[2]Linda Weiss對於發展型國家關注的焦點從政府干預與否，轉移到政府干預的效率。

Weiss指出發展型國家忽略公私部門合作的重要性，提出「治理式互賴」（governed interdependence）觀點，在國家機關與產業部門建立互賴的制度後，政府必須與私部門密切協商以制定產業政策。國家具備自主性（autonomy）未必就有了執行政策的職能（capacity），重要的是，國家還要有與社會協作（collaboration）的鑲嵌性質。[3]

台灣科技廠，像是宏碁、華碩等，過去專門幫國際電腦大廠代工，如今成功轉型，研發自己的品牌，生產自己的筆電，在國際間也闖出名號，美國有線電視新聞台CNN，特地跨海來台採訪，台灣生產的電腦，特別是廉價型筆電，已經在國際間吹起新一波的「MIT」，Made in Taiwan風潮！不過，國內自有

2 Peter Evans.. Embedded Autonomy : State and Industrial Transformation.(NJ : Princeton University Press，1995)

3 Linda Weiss，States and economic development : a comparative historical analysis. (New York : Cambridge University Press,1995)

品牌「走出去」策略，若未經深思熟慮的考量，也可能徒勞無功，甚至回過頭傷到本，明基BenQ就是最明顯的案例。

而九〇年代之後，台灣經濟飛躍式的成長不復可見。高科技的專業代工雖然為台灣建立起「代工王國」的美名，卻因代工毛利逐漸遭到壓縮，也就是出現「微利化」現象，而產生所謂的「代工困境」。「微笑曲線」讓愈來愈多的人相信，台灣在高科技產業的國際分工體系中，因為從事製造加工的代工角色，資本建置龐大但附加價值卻最低。尤其，在市場成熟的情況下，面對研發（被提高授權費用或提高關鍵零組件價格）及市場（被壓低代工價格）兩端力量的擠壓，便出現「代工困境」。面臨的「代工困境」與全球產業環境的迅速變遷以及亞洲生產網絡的解構與重組有著十分密切的關係。尤其，區域經濟的興起以及許多開發中國家積極搶進代工機會，已經直接衝擊台灣「代工王國」的地位。

鑒於後發優勢國家廠商搶食代工訂單的威脅，扁政府時期除了發展「兩兆雙星」的策略性工業，二〇〇六年起更推動「品牌台灣」計劃，除了投注二十億元成立品牌創投基金，更將提供一千億元融資貸款，協助廠商自創品牌或併購國際品牌，希望在二〇一二年催生國內二家品牌躋身全球前百大品牌風雲榜。馬政府上台後也褥力推動ＥＣＦＡ的簽訂，經濟部在「品牌台灣計劃」的「背景簡要」這麼寫著：「……為使我國產品在市場上勝過中國貨，我必須發展品牌俾與他們的產品有所區隔。我國在製造環節上雖執牛耳，國際間知名品牌的產品也不乏委由台商生產製造，但在產業價值鏈中所獲的利潤較為有限，為協助台商爭取品牌行銷的高利潤，發展『國際品牌』是我國經濟是否能更上一層樓的重要關鍵。」

不可否認，施振榮先生提出的「微笑曲線」相當程度地描繪了台灣產業發展的願景，但也逐漸擄掠了我們對於台灣產業升級的想像。不只官方的產業升級論述認定代工利潤微薄，唯有品牌能保障高獲利。

《經濟日報》二〇〇五年七月二十一日的社論指出，相對於先進工業國家朝微笑曲線兩端發展，專注代工的後進國家形同停留在「哭泣曲線」，媒體的報導也不時烙下「代工的附加價值最低」、「代工形同遊民」的社會印象。「品牌台灣」的產業升級論述正不斷地被建構，並且強化以下的社會認知：「代工」形同「微利」、「哭泣曲線」、「遊民」，台灣產業轉型與升級的首要之急便是跳脫、超越代工的思維與慣習模式。

《藍海策略》一出版，每個台灣人都在尋找哪裡有無人競爭的新市場，哪裡有「藍海」？這種集體性的焦慮，反映出一個大部分台灣企業的悲涼處境大部分人都置身在「紅海」之中，每天面對著無止境的殺戮競爭，無所躲逃。由ＰＣ到筆記型電腦、ＧＳＭ手機，台灣代工業創造了偌大的世界市場，卻也和世界所有的專業組裝廠（ＥＭＳ）一起把自己圈繞在價格破壞的紅海裡。

所以台灣廠商開始找尋新出路，不再只是坐以待斃。台灣廠商很快就嗅到手機代工利潤高於電腦的商機。「如果仔細觀察，你會發現現在大家聊天的話題不再是服裝、髮型，而是先從手機聊起，」隨著手機彩色面板、錄音功能、ＭＰ３、收音機、和弦鈴聲、數位相機等功能的出現，加上手機換殼、霓虹天線等售後市場的出現，短短幾年，手機從單純語音通訊的通訊產品，變成代表品味時尚、流行趨勢、與３Ｃ多媒體的消費性電子產品。隨著全球手機市場的擴大，加上電腦產業早已進入成熟期，台灣的電腦代工大廠無不在尋找下一個具有市場潛力，代工利潤較電腦高，又可替補電腦代工的產業，而雀屏中選的就是手機代工。

除了手機代工外，在這已幾近瀰漫世界每一角落的紅海汪洋裡，還有藍海嗎？答案是：有！而且就在台灣的新興手機產業裡，但它們做的可不是尋常手機，而是Smartphone，台灣最早給它的中文名字，就叫「智慧型手機」。

長久以來，手機市場是諾基亞、摩托羅拉、三星、LG等品牌的天下，台灣廠商只能賺取微乎其微的代工利潤，周永明居然可以改寫台灣手機產業歷史，不得不讓人問HTC憑什麼？我們看到二〇一〇年三月，美國蘋果電腦針對台灣廠商宏達電（HTC），向美國國際貿易委員會（ITC）提出專利侵權訴訟。現在宏達電開始反擊，提出5項專利控訴，主要是聚焦在智慧型手機的電源管理、電源控制、電話鍵按撥、個人頁面組織和記憶體連結的相關專利。律師分析，宏達電從代工起家，專利技術的品質不會比蘋果電腦少。

根據自由時報二〇一一年四月二十二日指出，宏達電HTC的4G手機Thunderbolt是美國電信公司Verizon在三月銷售最好的手機，甚至超過蘋果iPhone 4。在宏碁（acer）被蘋果打到更換執行長的此時，宏達電賣贏蘋果的消息，也更證明蘋果並非不能打敗，若是方法策略成功，台灣企業還是可以在國際品牌市場上闖出一片天。如今台灣雙A品牌（Acer、Asus）苦戰蘋果之際，HTC成功的經驗正可提供應戰蘋果的參考範例，要不斷創新，才能屹立國際舞台。

從宏達電看到台灣生命力，有人質疑為何不堅持代工角色：「為什麼這麼耐不住寂寞呢？這可能會增加未來營運不確定性」。宏達電跨入品牌到底是對是錯？有待日後分曉。不過，宏達電過去數年多的成功最核心價值便在於創新勇氣，如果宏達電自始即自限為代工廠商，那麼，今天宏達電能否成為股王都有問題。

四、台灣生肉麵

世界麵食界的藍海傳奇

牛肉麵起源於何地？很多人以為這樣的好味道來自於中國大陸，甚至誤會它是四川人發明的，其實已走過六十幾年寒暑歷史的川味紅燒牛肉麵，是從台灣起源的！據飲食歷史學家逯耀東教授的著作表示，牛肉麵的源頭可能來自高雄的岡山眷村，岡山是空軍官校所在地，由於老兵很多都是四川人，因為出生大陸的老兵沒有像台灣農村老一輩有不吃牛肉的習慣，他們退伍後為了謀生開店，所以創作出加進豆瓣醬、花椒、薑、八角、用牛肉熬成的湯所烹調成的川味牛肉麵，這種運用四川縣辣豆瓣醬、風靡全台的紅燒牛肉麵，豆香四溢、肉質Q軟有勁的牛肉麵，最後從台灣漸漸流傳至全世界華人到達的每一個角落。

因此，標榜「川味」的牛肉麵可是道道地地的正港台灣好味，由台灣人發明開創，不像日本人的涮涮鍋是起源北平涮羊肉鍋、壽司來自於韓國，它可是紮紮實實由台灣人發明，也許你在甘肅蘭州街頭可以看見大碗吃著蘭州牛肉拉麵的人群，但蘭州牛肉拉麵的特點是「一清、二白、三紅、四綠」（牛肉湯的清，蘿蔔片的白，辣椒油的紅，香菜的綠）但咱們的牛肉麵是紅燒的，所以依此推斷應該不是由蘭州拉麵而來，台灣川味牛肉麵的確是台灣的特產，台灣獨有的飲食幸福！

所有台灣民眾都不能想像一個沒有台灣牛肉麵的城市？是什麼樣的光景？就像世界不再有手機、電腦不再有即時通訊軟體ＭＳＮ、就像士林夜市從此沒有大餅包小餅、基隆廟口不再出現百年鼎邊銼，國慶日沒有煙火、中秋節不吃柚子……，這一切對生活沒有影響，但心頭卻時常浮現小小的遺憾：因為啊，牛肉麵已經是一種台灣人飲食的癮頭，就像義大利人每天早晨必定來杯EXPRESSO（濃縮咖啡）、香港人談事情不能沒有鴛鴦奶茶一般。不是鮑魚，亦非魚翅的台灣牛肉麵，已經佔據我們生活的一部份，沒有它，台灣仍然有大江南北的繽紛小吃，但沒有它，下班後的晚餐時間，就是有那麼一點缺憾。一個參加歌唱比賽的創作女歌手甚至唱出假想「我不能再吃牛肉」的遺憾呢。

在台灣，牛肉麵店的家數媲美三步一家的咖啡館，它已經遍及所有的大街小巷，甚至更甚於咖啡店，即使是人煙稀少的小區小街，也有一、兩家的牛肉麵飄出令人難忘的深邃紅燒香，讓人忍不住吃上一碗來解解饞，回味口中餘韻繞樑的豆瓣香。不只台灣人愛吃牛肉麵，外地人也熱於嘗試，設於香港赤臘角機場的美食餐館「台灣牛肉麵」店，總是引來一群遊客旅人大排長龍，只為吃一碗咬起來肉質豐腴甘美的異邦麵食。

台北目前已經是全世界牛肉麵「粉絲」一定要朝聖的城市，台北牛肉麵店主要集中在台北永康街、仁愛路、林森南路、桃源街一帶，在各大區域也多有牛肉麵店佇立。牛肉麵多是山東老鄉所經營，與牛肉麵搭配的四川泡菜、醃黃瓜，也美味的不得了。由於桃源街的牛肉麵店聚集最為密集，所以坊間經常出現以桃源街牛肉麵為名的字號，台灣川味牛肉麵甚至擴張到海外，登陸香港、美國、日本等世界各地，它幽微深邃的湯汁、它軟嫩帶勁的肉塊、他煮得剛剛好的彈性麵條，總是吸引著人們的味蕾，連老外們也吃得津津有味，直呼比紅酒燉牛肉（歐洲名菜）還美味。即使在中國大陸以麵食為主的北方，號稱「世界七大名麵」主戰場之一的北京，台灣牛肉麵也一枝獨秀，在北京炸醬麵、成都擔擔麵、開封魚焙麵、武漢熱乾麵、楊州伊府麵、日本拉麵圍攻之下，台灣牛肉麵因為對華人消費者的口味、也有新鮮感，加上食材、用餐環境較佳，因此在競爭中有優勢。

台灣牛肉麵已經默默地在每個台灣人的飲食記憶裡留下印記，雖然它不曾失去熱潮，卻可以再度創造新的價值曲線，台北市政府建設局於二〇〇五年首辦的「台北牛肉麵節」，邀請台北各家牛肉麵參與口味比賽活動，開啟了行銷台灣牛肉麵的構思！台灣川味牛肉麵不是尖端科技，也非前衛產業，卻開啟了歐洲管理學院教授W.Chan Kim與Renee Mauborgne所提出的「藍海策略」（Blue Ocean Strategy），牛肉麵節的行銷手法改造了牛肉麵的市場疆界，它在傳統的美食中脫穎而出，牛肉麵不止是美食，還變身成一種文化創意產品，老張、老董、老吳、董家、吳家、粟家、桃源街、三毛等各家獨創的牛肉麵，不再是土里土氣的名字，而是一個有趣的符號與圖騰，它跟Mr. donuts的甜甜圈、三峽的牛角麵包，都創造了沒有別的類同飲食跟它競爭的藍色海洋！讓人悠遊在傳統懷舊的美好滋味中。

從多元主義（Pluralism）角度來看

二〇〇九年出身政治世家的前桃園縣縣議員呂文華，有感「政治是一時，朋友是永遠」，決定在卸任議員後，賣牛肉麵服務更多喜歡美食的朋友。而台北市舉行了幾年牛肉麵節，把牛肉麵這種庶民美食，變成貴族品味；把要吃飽的牛肉麵，變成了難得一次的打牙祭。筆者一直認為，改變不是一件壞事。人是一種習慣成自然的動物，不論在生活或是職場上要求改變，多多少少總會引來不小的反抗。原因很簡單，原本就過得好好的，為什麼要改變呢？就算原來沒有過的很好，但改變也不見得會更好。當面臨大環境變動，人因此不得不學習接受、適應，進而改變，牛肉麵就是一個很好的例子。

現代非極權國家，國家機關組織民間利益，動員與控制市民社會的模式大致上有四種：多元主義（pluralism）、統合主義（corporatism）、恩庇侍從主義（clientelism）、及民粹主義（populism）。

Schmitter在一九七四年提出的「多元主義」，指的是一種利益代表體系，在此一體系中，選民可依自己的意願組織各種不同的利益團體，不受個數限制，也沒有由中央到地方的層級約束，完全在一種開放競爭的環境下，無任何團體可壟斷利益代表權，其成立也不需國家機關的准許。相對地，國家機關也不透過挑選團體領導人或利益連結（interest articulation）來控制該團體。

現代社會的特質之一就是多元文化發展，然而在社會多元走向當中，相對性往往困擾著人的價值觀和理解，例如台灣社會一直以來在經濟發展和環境保護二者之間的掙扎是其中最明顯的例子之一，面對環境污染或低放核廢儲存問題，公民和環保團體對政府必須採取不信任的懷疑態度，彼此以取得利益或相對立場出發，特別是弱勢的一方，也要想辦法「展現實力」才能得到較大的協調空間，因為政府政策往往是既定，而民眾只能激烈抗爭或是採對立形態，影響協調過程中找到可以達到解決問題的空間。

就以牛肉麵而言，台灣人民的飲食習慣被改變，原在漢文化中，務農者是不吃牛的，而台灣的水牛是由荷蘭人引進，日本也帶入一批，都是為耕作用的。牛肉麵本是中國北方畜牧民族的飲食文化，也與軍營駐紮有關，如今，牛肉麵成為一種政治圖騰不斷被推廣，台灣的飲食文化被夾在西洋化以及政治角力之間。即使是從中國北方傳入的飲食習慣，在北京的牛肉麵，是一大碗麵上放著如台灣陽春麵上的三片牛肉，就叫做牛肉麵了，曾幾何時，台灣的牛肉麵的肉與麵比例變成相同。這幾年台灣牛肉麵從小巷內、師徒傳承、古法熬煮的單店經營，學習走向企業化、建立品牌，甚至前進國際。他們面臨機會，也同時承接挑戰。台北市牛肉麵節是很大的推力，從食材、用心、裝潢、氛圍、服務提升；企業化的經營也出來了。另一個挑戰來自如何控制品質。「老董」是所有牛肉麵廠家中比較早開始思考如何複製品質、企業化管理的店家。

沒有什麼是標準答案，我們看到過去填鴨式教育來衡量學生也大都採取相同的概念。不過，台灣卻發展出獨有的標準化的考試與解題方法。這裡要說的是：不是說反對答案標準化就好，因為有些問題就是有標準答案。而是說，在標準化的思考下，許多有意義的問題都被排除掉了，因為他不能被拿來做「標準化的考試」。過度強調標準化卻又要分出學生高下的結果，就是強調答題的效率，造成了解題速度化，所謂的速度化就是「公式化」、「機械化」。某種程度上，人類在學過某種原理後都會將某些對應的方式「公式化」、「機械化」，以求增進效率。不過顯然在這裡和所謂培養學生的思考能力無關。因為我們常只有把重點放在「公式化」，但對於「為何如此」的「深度瞭解」過程則常加以忽視。

標準化的另一個問題是將對象過度切割、細化。因為範圍越大越不容易找出標準化的答案。因此，必須將對象過度切割，然而這樣的問題通常就是學生喪失對對象整體關照的能力和綜觀的視野。

華人國家中沒有一個城市像台北，可以在單一城市吃到這麼多地方口味的菜，因為戰亂，因為逃難，所以把大江南北所有好餐廳的廚子都聚集在這個城市。台灣是個多元文化的社會，蕃茄、紅燒、清燉、麻辣等五味雜陳的口味，蘭州、四川、山東、中壢等各家流派充斥全台，經營者如何異中求同，去蕪存菁，淬取核心菁華，融合各地風土民情，集中資源發展長銷的金牛商品，是歐美各國擅長的品牌操作手法，如可口可樂（Coca Cola）、麥當勞（McDonalds）、必勝客（Pizza Hut）等。台灣牛肉麵有機會可以像義大利麵、披薩、日本壽司和拉麵一樣席捲國際嗎？

五、台灣小吃

——國際級的味覺大品牌

許多外國觀光客或台灣旅外遊子懷念起故鄉台灣時，最先想念的，竟然不是擁有滿山遍野櫻花的阿里山，也非璀璨如珠的日月潭，而是那遍佈在人聲鼎沸的士林夜市、隱身於街頭巷尾、老神在在佇立於廟口前的台灣小吃。

台灣小吃其實反映著台灣社會的「集體移民性格」，台灣人的生命力，也完全彰顯在夜市那繽紛熱絡的小吃上！福爾摩沙是一個以移民為大宗的社會，來自大陸各地的移民們，將家鄉菜的精華帶進這塊滿山綠意的土地裡，成就了數也數不清的美味台灣小吃。根深蒂固的移民性格，也讓我們擁有樂於接受外來文化、充分吸受豐富資訊的心胸，台灣小吃不但具有傳統口味，例如那傳統的滷肉飯、蚵仔煎、大腸麵線、甜不辣、肉羹麵、米粉湯、臭豆腐、肉圓，還隨時有新的產品出現，例如充滿創意的蔥抓餅、青蛙蛋奶、香雞排、水煮滷味、草莓酒香腸等，還有不知在某年某月的某一天，靈光乍現的某一位台灣街頭小吃美學家，就讓「鴉片粉圓」突然竄紅了、某年春天來自日本的章魚燒也「歸化成」具有台灣風味的飲食、不知是何時臭豆腐竟然衍化成串燒式吃法、一夕之間連洋人的焗烤馬鈴薯也從台中逢甲夜市飄進大台北都會的夜市裡；總之，台灣小吃的創意，永遠令人目不暇己，連中國大陸推出的新滿漢全席，都爭著要把「蚵仔煎」列為台灣的代表性料理呢。

台灣小吃本身背後，其實也記載了台灣民眾過去為生活、充滿創意的打拼歷史，比方以台灣人因早期窮困而多食地瓜，所以將地瓜作食材所發明的「肉圓」；台灣因為成功養殖蚵仔，而出現的蚵仔煎、蚵嗲、蚵仔捲等；台灣是海島，漁業發達而發展出的蝦捲、魚丸湯等；台灣盛產在來米製成的貢丸米粉湯、米苔目、米大腸等；台灣人生性節儉，將整隻豬的食材充分利用做成的「黑白切」、豬血湯、豬血糕等，甚至也是一種生活創意的結晶。

台灣小吃能夠發展的如此豐富繁盛，除了跟台灣社會機靈、有創意的集體性格有關外，其實歷史也佔了一個龐大的因素。台灣以福州（閩）人佔最大宗，所以福州菜成了許多台灣小吃的基底，先民將家鄉的烹調技術，結合台灣當地特有食材，發展出各類的本土飲食：比方典籍說「閩南多湯羹……」，所以台灣小吃就出現了魷魚羹、蝦仁羹、豆簽羹、鰻魚羹、花枝羹等羹湯類飲食，其他像擔仔麵、割包、鼎邊銼也是福州口味的延伸。

當然，大陸其他省分也帶來了大量的創意，在士林排成人龍、被日本妹讚不絕口的生煎包是淵源於上海菜、口味濃郁的意麵是啟發於廣州的Idea。日本文化、原住民文化、西洋文化也融進台灣小吃裡：夜市裡的炸得外酥內軟的甜不辣、醬香滿盈的筒仔米糕、土耳其的夾著碎肉的沙其馬……它們都演變成台灣小吃的大範疇裡。那麼如果說LV是時尚界的品味象徵、獨立電影是最美好的影像藝術、勞力士是鐘錶的頂尖品牌，那麼台灣小吃就是世界級的平民飲食名牌！台灣小吃已經成為世界各國遊客來台灣必定尋訪的東西，許多香港明星來台必帶鴨舌頭、日本一些偶像團體念念不忘珍珠奶茶、一個義大利人直率的認為滷肉飯是人間美味。

比利時專業旅遊雜誌雙週刊《戶外旅遊（Travel Magazine）》，就曾經以〈台灣：與美食浪漫解逅之地〉為題，介紹台灣美食，這篇文章表示，融合日本與中華美食特色的台灣菜包羅萬象，主要是中國的地方菜在這裡紮根成長的結果，由「呷飯皇帝大」這句台灣俚語，就可知道台灣人對吃的認真態度，而這也正是外國人選擇台灣作為旅遊地點的最佳理由。

而且，台灣小吃永遠不會就停留在滷味飯、夜市牛排、粉圓豆花、碗粿、藥燉排骨這些數百種的口味，台灣小吃永遠在不斷地融合與創新，因為它不斷的再誕生，所以，它永遠讓人在驚豔，早在西元一千六百年漢人從台南登陸時，就一直不斷地變出新把戲，如泉水般源源不絕的創意，歷經幾世紀仍然奔流下去……台灣人繼續以創意創造各種美食，淡水河邊出現的飛魚卵香腸、東海夜市驚見的巧克力瀑布、士林夜市印度人在甩著肉汁滿盈的大餅……我們的台灣小吃本身就是個創意大本營、或說是個虛擬的超級智囊團，它是一個不經意由歷史文化、先民智慧形成的品牌，只要冠上它的名字，就註定揚名國際，也許不用等到明天，又有一個新的台灣小吃再度融合各地文化而誕生。

從軟實力（Soft power）角度來看

台灣小吃不但與民眾的生活息息相關，更能呈現出台灣一般市民的生活與文化，因此，若想認識台灣本土特色，藉由走訪各地夜市、品嚐美味小吃，是最迅速的方法。「就地取材」是各式小吃的特色，由於台灣四面環海、漁獲豐富，因此「海鮮」經常是料理的主角之一，如蚵仔煎、生炒花枝、海鮮粥、魷魚羹、虱目魚湯等，鮮美的滋味，往往讓人吃得大呼過癮。

走一趟夜市，就發現台灣美食非常多元化，讓人眼花撩亂。但如果要票選最具代表性的台灣小吃，臭豆腐、珍珠奶茶、蚵仔麵線、炒米粉、豆花……哪一樣會雀屏中選呢？這些美味小吃究竟怎麼發明出來的？口味怎樣求新求變？有何秘訣？台灣遍地是美食，其中台北市卻被CNN稱為貪吃之城，屬聖經裡的七罪之一，這究竟是褒還是貶？

之前有雜誌調查公佈十大危險小吃，其中鹽酥雞、鍋貼與蔥油餅分別為前三名，為何這三種小吃最危險？雲林兩位七年級生，一年成功甩掉五十公斤，以前她們飲食通通不忌口，一位胖到六十公斤，另一位體重更是破百，二個人一年前開始減肥，很多平常愛吃的美食，通通不能吃，其中一位家裡開鹽酥雞，以前回去幫忙做生意，總是忍不住偷吃，開始減重後，只好戒掉愛吃的鹽酥雞，透過均衡飲食，加上規律運動，二個人成功瘦身，找回自信。夜市、路邊攤小吃沒有成分與熱量標示，一般民眾容易忽略潛藏的脂肪與熱量，如何拿捏份量，才能在滿足口腹之慾的同時，又兼顧健康？

雖然如此，日本《東方時報》發表了一篇〈台灣小籠包臭豆腐和軟實力〉，文章提到台灣開始在世界各地展開價值兩千萬英鎊的美食外交，作為提高台灣國際形象努力的一部分，從過去的金錢外交轉向用美食展現台灣的軟實力。

台灣認為此舉能顯示出美食是台灣發展的最佳軟實力，能體現台灣的文化。當局希望這個台灣美食國際化行動計劃能夠帶動台灣的餐飲業、旅遊業、農產品等產業的發展，擴大就業機會。這一美食外交計劃其實在上個世紀末就已成形，經建會早在一九九九年就已經討論台灣美食國際化行動計劃。

該計劃最初的主要目的是吸引海外人士來臺觀光，創造更多就業機會。這一計劃發展到今天，已經成為台灣形象外交（或名聲外交）的一部分。英國《衛報》曾用一整版的版面報道台灣的美食外交，標題就是忘記軍艦和峰會，開始新的外交攻勢。文章內還附有對本來是上海特產、現在是台灣風味的臭豆腐的介紹。

台灣人到現在為止還給人崇洋的感覺，那是因為我們還是覺得西洋的藝術、文學、音樂、典章制度比我們強，這些其實是西方人民軟實力的綜合表現。其實人民的軟實力在日常舉止中即會自然顯露。而引起別人的反應，如果是正面的，而且產生了有為者亦若是的模仿意願，影響人就有強大的軟實力。而如果反應是負面的，覺得別人的行為不足為訓，影響人就是不具備軟實力了。

小吃雖其名冠以「小」字，但其在飲食文化中的地位和作用並不小。小吃既作為人的一種飲食或一種進食方式，它必然得與社會發生多方面的關聯，並從這些關聯中得到其自身的發展，豐富了飲食文化的內涵。

小吃的空間由鄉村（水平化）移到都市（垂直化），由立體化的場景來收納再現水平的小吃攤位，空間的轉變使得象徵、交換價值走在功能價值的前面，社會意識、權力的符號的交織遠大於環境與生態的穿織融合，小吃炫麗的外殼勝賽文化生態的內在邏輯，披穿華麗外衣，罩上豪華門面，它的真實情境在高級化空間中被轉為虛幻，在觀光大飯店、美食街、美食總匯、點心世界的台灣小吃，鬍鬚張、故鄉滷肉飯、青葉的清粥小菜、雞家莊的鄉土菜餚無不把玩品牌、符號、標籤遊戲或血統書的認同遊戲。是故，血統書的必要是反應小吃為求取存活的變形的必要，變形越厲害，血統保證書就需印發、蓋的越多，業者花在蓋正字標記、宣傳、「證明」飲食純正血統的心血比細研產品品質的時間多，血統書成為支撐小吃存在的柱樑，請認明「正字標記」也就是認識小吃的內涵要重要的多。[4]

軟實力是吸引他人、讓他人順從的能力。從行為學的角度講，軟實力就是吸引力。傳統的權力政治是較量誰的軍事或經濟實力更強，而資訊時代的政治

4　鄧景衡（1994）。時空壓縮與飲食地景——以台灣的鄉土小吃為例分析。

則要看誰的故事更動聽，誰的東西比較好吃。

二〇一〇年一月二十三日新加坡《聯合早報》在專欄以「小吃力量大」為題，介紹了台灣小吃文化的力量，透過創意和包裝，把普通的庶民小吃精緻化、國際化，演變為台灣軟實力的延伸。台灣小吃品牌的創建是一項複雜工程，不僅僅是政府或某個組織的責任，而是牽涉到每個公民。過去，台灣對外宣傳過去一直由政府包辦，但在全球經濟一體化和互聯網急速發展的背景下，只由政府一方操辦顯然遠遠不夠，非政府民間組織、工商企業、學校社團以及公民個人都應該參與其中。

大陸許多著名旅遊景區都有個共同點，那就是建築雄偉，景色華麗，但吃的東西貴而難吃，便宜的卻看起來髒髒的，賣的商品假冒偽劣，再加上粗糙冷漠的服務，在軟實力上，距離旅遊勝地很遠。如果拿黃山比阿里山，拿西湖比日月潭，台灣許多景點先天條件未必比大陸好，但卻各具魅力，其奧妙在於台灣的旅遊融入了文化。

文化絕不僅僅指文物古跡，當地人吃什麼，穿什麼，看什麼戲，過什麼節，有什麼習俗，其特色其精髓，才是景色之外最吸引人的東西。因為除了看景，旅遊更重要的是體驗不同的生活方式。

以悲情城市的九份為例，半山腰上一條寬不過三公尺的小街，匯聚了那麼多台灣特色小吃，九份賴阿婆芋圓，精緻的好玩商品，遊客駐足的保險套專賣店，還有可以飽覽山色海景的別致餐廳、茶館、戲館，不長的一條路，卻足可以讓人流連整天還欲罷不能。

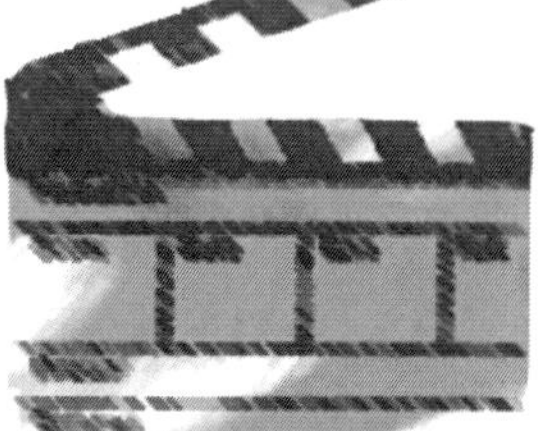

六、台灣新電影

國際肯定的台灣精品

如果好萊塢電影和台灣片是桌上的兩道菜，美國好萊塢電影可以說是讓感官驚豔一時的高級冰淇淋，而台灣電影卻是消化人生焦慮與疑惑的優酪乳，培養品味的醇厚紅酒。

在日本的新幹線上，疑似來自歐洲的Backpacker（背包族）問起筆者是哪國人，我說我從台灣來。他們那群金髮碧眼的小伙子果然如旅遊書上說的，聽成我是泰國人。我以清晰的口吻重新說了一次「Taiwan」，他們恍然大悟，拼命地點頭，說他們知道台灣，以霹哩拍拉的速度說：台灣電影很好看，侯孝賢的《悲情城市》、楊德昌的《一一》、蔡明亮的《愛情萬歲》……，也許不是文藝青年，不會想背起包包流浪，所以他們知道台灣電影的厲害。

誰說台灣沒有原創性的東西？如果說Chanel、Gucci、Hermes是酷愛名牌的淑女紳士眼中的世界名牌，那麼台灣電影就是沒有影迷會輕易矢口否認的世界性藝術映畫。

我們的電影，因為經濟、政策因素已經沒落，甚至殘破不堪，有人指出那是因為劇本、演員、不夠炫目或劇情過於沈悶的緣故，事實上這些並非問題的全盤核心，台灣藝術性電影的創作從不曾停歇過，他已風靡於藝術與文化普及的國度。

比方在日本有一群侯孝賢的專屬影迷，常常聽說他們追隨電影裡的場景，走遍平溪、九份、瑞芳、十分等台灣各地，崇拜侯孝賢電影淡雅細膩風格的日本人，甚至出資請他拍攝生平首部以外資拍攝的電影《珈琲時光》。還有一位叫布魯諾的法國郵差是台灣電影的粉絲，楊德昌精心慢製的電影，他捧場的看了三遍以上！

因為影展讓歐洲文藝青年認識台灣電影，歐洲關於電影學的教科書，早就把八〇年代台灣電影刮起一番新氣象的「台灣新電影」列為電影學的專有名詞。

有人將日據時代結束後的台灣電影大致分成以下時期：光復初期的電影製作，主要在紀錄宣導農業、工業、商業的實況，逐步有所謂的劇情片發展，比方張英、張撤合導的阿里山風雲，何飛光導演的花蓮港等，但這個階段的劇情片發展只是靈光乍現，五〇年代後因為有政策因素，所以電影多有政令宣導傾向，比方如宗由導演的惡夢初醒、唐紹華的皆大歡喜，皆有政治意味頗強的劇情導向。

一九五五年後開始台語片的二十年大盛況！始於「麥寮拱樂社歌仔戲團」

團主陳澄三與何基明導演所合作的「薛平貴與王寶釧」，其後有陳三五娘、瘋女十八年、王歌柳哥遊台灣、台北之夜等片子，電影的預算不高，卻為當時一蹶不振的國語片打下堅實的基礎。

一九六〇年代開始，開始流行起健康寫實的國語電影，李行、李嘉、白景瑞、丁善璽等，都是在六、七〇年代成為領導台灣電影的主要人物。之後是瓊瑤愛情文藝電影愛風潮。同時香港後邵氏公司開始製作新派的武俠片，以胡金銓等人為主要導演代表，當時台灣也跟著流行武俠電影，一直到七〇年代，武俠、功夫片的產量仍是台灣電影的主幹。

八〇年代，當台灣還充斥著武打與夢幻愛情的商業電影時，中影公司接受藝文人士小野與吳念真的建議大膽拍攝了刻畫生活真實面的的人文精神電影，這種迥異於以往電影風格的片子在當時是個令人躊躇的創舉！鄉土文學家黃春明的三篇短篇小說《兒子的大玩偶》，被侯孝賢、曾壯祥、萬仁合以寫實、細膩、流暢的現代電影語言共同拍攝成電影，片子裡沒有造作的劇情，沒有虛偽的場景，沒有誇大的言語，這種在劇情中飄盪著淡淡情緒、充盈著真實感情，讓每個停格鏡頭都猶如風景明信片的片子，讓台灣電影颳起一股新浪潮，確立了台灣新電影的由來。

除了侯孝賢與楊德昌在國際影壇上屬於大師級地位外，這十年來李安、蔡明亮、張作驥也分別成為世界矚目的台灣導演。

《戀戀風塵》裡的老台北你還記得嗎？步調緩慢的《童年往事》是不是讓你在春天的午後想起美好的小時候？你是不是從《我這樣過了一生》體驗早期社會女人的無奈與悲傷……如果這些電影離你太遙遠，還有清新的《藍色大門》和你分享青春期的酸甜、《殺人計畫》讓你對台灣導演的運鏡能力大為讚嘆，你將會發現那些炫目的音樂錄影帶、那些劇情迷人的偶像劇，它的拍攝元素其實都來自台灣導演的創意，而這些創意仍然在持續……。

也許沒有大筆金錢商業援助的台灣電影，以手工咖啡之姿，在一片機械咖啡中因為細煮慢熬脫穎而出，煮出自己的一片天空。以正面的角度來思片考，台灣新電影也許因為沒有浮濫的商業阻礙市場，所以能展現清晰的特質，就像有名柏金包，產量不多，得細心等待、耐心盼望，才能孵出佳績，台灣電影亦然，當你還在質疑台灣有沒有所謂的精品時，讓我告訴你，請相信台灣電影就是精品中的精品！

從政治行銷（Political Marketing）角度來看

有人認為李安導演的電影是美國片，但是卻在美國票選出身的電影學院獎內失利，而且不是第一次，王長安提到語言使用，包括對其文化背景不理解，便興趣缺缺，好萊塢對異國文化題材挑選，這十年來相當風行，迪士尼也是，但是是哪種的異國文化？不管是泰國的安娜與國王、還是日本的藝妓回憶路，這都是西方人觀點在看東方，裡面一定有西方導演。

近幾年來，台灣電影產業一直處於低迷不振、嚴重衰退的狀態，尤其在九〇年代之後台灣電影的片產銳減、製片停滯、發行困難、票房困難、觀眾流失，市場可以說是完全由美國電影文化所取代，然而國片海角七號的誕生使得沉寂以久的國片市場出現意想不到的效應，讓長年黯淡的國片市場爆出亮點，也讓台灣觀眾發現，原來我們是那麼需要自己的故事和語言，海角七號一改過去國片給人的沉悶印象，在賣座之後除了提升民眾對國片的信心，也引起不少人擔心其商業、娛樂導向可能左右國片的發展。

前陣子獲得台北電影節百萬大獎的國片《不能沒有你》是台灣近年來少見的影片種類與風格。這故事取材自一個真實的社會新聞事件，講述處於社會底層的一對父女，如何在官僚體制的迷宮中，在喜歡把新聞鬧劇化的媒體前，辛苦地緊握彼此的手。

電影《海角七號》創造超過五億元的票房紀錄後，可能有人知道，中小企業信保基金扮演了重要角色，不只如此，信保基金現在儼然已經成為國片的重要推手，包括日前造成轟動的《雞排英雄》、《刺陵》，以及《痞子英雄》電影版、《賽德克・巴萊》等，都循《海角七號》的模式，申請信保基金保證來向銀行籌措資金。

城市行銷成為最近熱門話題，金鐘獎、金馬獎最大贏家台灣偶像劇《痞子英雄》與國片《不能沒有你》，都在高雄取景，讓高雄市政府出盡風頭。《痞子英雄》打造了超越過去偶像劇的高規格，藉由在高雄取景拍攝，成功行銷高雄，並獲得金鐘五項大獎的肯定，其中更包含節目行銷獎。有鑑於電視、電影魅力無限，期望將高雄之山、海、河港的壯闊景致行銷全球，進而帶動觀光效益的提升，高雄市政府耕耘「影視創意產業發展計畫」不遺餘力，盼以影像行銷高雄。而《艋舺》劇組重現萬華地區剝皮寮街景，以及過去公娼所在的寶斗里。也有反對聲音認為這部電影充斥色情、暴力，根本不是艋舺精神，再一次汙名化艋舺！

利用電影來行銷是當下熱門的情況，政治人物也苦思如何包裝自己。近年來，不分國內或是國外，眾多政治人物紛紛將宣傳的觸角伸向網路族群。因此在極短時間內，設立意見反應e-mail信箱、架設個人網站、加入微網誌等等，成為時下最流行的行銷方式。在這波網路行銷的熱潮中，美國總統歐巴馬的成功，無疑是其中最具代表性的例子。而他的成功，更讓這種新興行銷模式成為台灣藍綠陣營政治人物，認定為必備的宣傳管道。

一九七六年學者Schumpeter開啟「政治市場」的概念，提出「政治運作過程的性質」與「商業市場交換體系」並無二異，從資本主義的生產者與消費者行為來解釋民主政治的運作過程，進一步以市場模式來類比政治制度，於此，商業市場交換過程（政治競選活動過程）與生產者競爭（政黨政治模式）便成為新的探討主軸。而政治行銷也就是將政治競選活動過程依照商品的形式，對於選民的政治行為產生作用，使選民收受各類的政治訊息，從政治意識的商品化過程中塑造對商品的認同。

在現在科技進步的網路世界中，候選人能利用更多的傳播管道與技巧來塑造形象、宣傳理念，大約一九九二年的美國開始，柯林頓政府開始透過網際網路來散發新聞稿或是相關的消息；一九九四年的選舉中已有候選人透過e-mail或者是設計獨立網站開始從事競選。及至網際網路普遍化之後，競選方式也隨之產生了重大的變革。以台灣而言，一九九四年台北市長選舉可說是濫觴，各候選人爭相成立ＢＢＳ網軍，希望與選民產生進一步的互動行為；一九九六年的總統選舉各候選人競選總部皆成立了直屬於競選總部的網站。其後，網際網路在選戰中之運用更形重要，一九九八年的台北市長選舉，馬英九及陳水扁兩陣營早已在網路上透過「小馬哥全球資訊網」及「阿扁網路競選總部」打的不可開交；二〇〇八年的總統大選，兩個主要陣營不論是陣營自己架構的或是支持者獨立建置的網站、網軍，其數量之多、功能之強，則更為新形態的選戰建構了新的互動攻防模式。

商品化意謂商品意義表現於「非經濟領域」的活動中，呈現商品經濟型態，即「物化」的互動關係成為人際互動的主要內容，這顯示，經濟活動中的價格關係已擴張到非經濟活動的價格化；正如同政治領域的活動方式表現商品的意義，即呈現為「政治的商品化過程」。於此，在政治領域中的政治人物與選民之間的互動關係，類比於經濟領域中，則呈現「生產者」與「消費者」之間的交換關係：政治人物作為政治資本家，他的政治訴求成為他生產的商品並且加以推銷，政治人發表的政見因為經濟活動邏輯的介入，政治行銷反而成為政治活動（選舉活動）中的要角，這表現為：政治人物發表個人的政見，如同陳列於商品置物架上；而選民在各「商品」中做選擇，用選票進行消費行為。其結果是，政治人物為爭取多數的選票，政治行銷自然成為必要手段。

二〇一〇年民進黨台北市長候選人蘇貞昌出《Open Taipei》專輯，一批獨立樂團及年輕人為蘇貞昌包裝，創造年輕、創新、城市的形象。濁水溪公社、大支、拷秋勤等樂團紛紛為政治人物作詞作曲，政治人物不走市場通路，完全學會獨立音樂的製作、行銷、設計，打入青年市場，賺飽年輕人選票。引起網友熱烈討論的二〇一二年馬英九的臺灣讚妹團，是否能夠超越韓國少女時代的美腿？

前總統陳水扁競選台北市長，音樂人詹宏達與歌手潘麗麗為阿扁操刀，做出《春天的花蕊》、《台北新故鄉》國台語版競選錄音帶，在金權城市唱希望，新一代的台北人投給阿扁。如今，濁水溪公社、大支等獨立樂團為蘇貞昌獻唱，向來感受城市哀愁的獨立樂團，唱出台北新移民的焦慮、徬徨，唱到心坎裡。

因此，政治人物如何透過更具「互動性」的傳播工具，將其政策訴求傳播予選民；民眾在「政治參與」中，如何透過更具「便民性」的管道以瞭解候選人之人格特質與理念，並且能抒發、討論對公共議題之意見，乃民主政治中，能否增加民眾「政治參與」的質與量之重要議題。

七、台灣個性咖啡店

有一萬兩千家咖啡館與一萬兩千個夢想的島嶼

世界上沒有一座島嶼，像台灣擁有那麼多家的咖啡館，而且每一家咖啡館，都曾代表著每一個台灣年輕人的夢想。台灣咖啡館的頻繁密集度讓咖啡館就像許多都會人士的第二個家，我們在咖啡館敘舊、聊天、洽公、看書、寫詩、休息……根據「台灣咖啡協會」的資料顯示，自一九九八年起咖啡豆的進口量年成長率皆超越一百%，由此可推衍出咖啡館密度之高，台灣咖啡協會保守估計：台灣大大小小咖啡店總數超過一萬二千多家以上，也許僅次於便利超商的密集度呢！

很多來到台灣觀光的遊客，尤其是香港、大陸民眾，都非常羨慕台灣林立於街頭、隱身於巷尾的個性咖啡館，我們鼎盛的咖啡文化，滿盈著整個城市，即使我們依然忙碌，仍然能再隔離喧囂吵雜的咖啡館裡，得到一襲難得的寧靜。它已經成為台灣都會的特殊風景，有人還將「逛咖啡店」當成旅遊台灣的一種方式呢！

台灣咖啡由來已久，大只可分成三個時期：

早期的台灣咖啡停留在栽種，並沒有衍生出咖啡館，約一八八四年（光緒十年）英國商人引進咖啡豆在現在的台北三峽地區嘗試栽培，不過當時並無計畫性地大量栽焙。一直至要到日治時代，才開始大規模的種植，日本人看中台灣氣候炎熱濕潤、排水系統又好，很適合咖啡樹生長，於是從南美巴西引進了阿拉比卡豆（咖啡豆可粗分成阿拉比卡及羅布司塔兩大品種），在台灣北部試種，想不到試種一舉成功，日本人便在台東知本、瑞穗及雲南古坑一帶進行大規模商業栽焙，當時產量豐厚，品質也極優，「咖啡豆、紅茶與蔗糖」便成了日治時代台灣三大主要出口農產品。

一直要到台灣光復後，台灣才有咖啡館的誕生，當時咖啡館是一種文藝沙龍、一種約會洽公地點，屬於奢華高級或文人雅士的聚集場所。台灣光復後，土地經營權從日本人回流至農民手中，務實農民改種稻米、茶葉及檳榔，咖啡栽焙逐漸沒落，不過因嗜喝咖啡之士還大有人在，熱鬧的台北開始有了咖啡館，據說當時的咖啡館稱作「冰果室」，是淑男淑女、死黨好友約會談天的前衛地點，一九四九年開業的武昌街明星咖啡館即曾經風靡一時，不僅是國內文壇大家著名的群聚地點，聽說也催生了不少經典的台灣文學，而佇立西門町毅力不搖的蜂大、南美咖啡也都是在此時期興盛繁榮的，當時有名的咖啡館都聚集在西門町一帶。當時不少細膩優雅、意義深遠的台灣經典文學、詩作甚或音樂，都是從煙霧瀰漫、人聲吵雜的咖啡館中湧生，這些從四、五十年前，屹立在西區的古老咖啡館，是當時許多藝文人士、新思想青年、黨外人士逗留、休憩、尋思靈感的地方，他們不是啜飲著一杯黑黝黝的咖啡，埋頭寫作，就是兩三人群聚清談，台灣的文化地圖因為這些咖啡的氤氳芬芳，而有著獨一無二、不同於世界，屬於這塊土地的藝文風景。

隨著歲月更迭，台灣咖啡館的生態也日漸轉變，七零年代，日本型態的上島、蜜蜂咖啡館開始登陸，喝咖啡的人更為普遍，這個時期的咖啡館普遍分佈在中山區一帶。目前台灣流行的現代咖啡館，除了美式連鎖咖啡館當道外，其實最受矚目的是裝潢獨特有個性的獨立咖啡館，它們是人們滿足心靈追求美好風景的重要場所、也是國外觀光客喜愛流連的地方，他們象徵台灣年輕創業者無窮無盡的創意與設計力，台北浦城街的「ZABU」以「微型手創個人展示櫃」結合咖啡館的型態，形成咖啡館裡得一種趣味風潮；淡水的「有河BOOK」，以咖啡館結合文學書店之姿，在淡水河邊閃閃發光……台灣咖啡文化已將裝潢品味或便利型態列為重點，走向另一種著重設計品味的境界。儘管外來連鎖咖啡店不斷林立，台灣還是有從不見斷的夢想家不曾妥協，他們都在構思心中的夢想咖啡館，一起編織屬於我們的的咖啡城市。

從羊群效應來看

政治學常用「羊群效應」來形容群眾的不理性行為，指在資訊不完全下，個人都有一種從眾心理，而從眾心理容易導致盲從，盲從會忽略自己的判斷，跟從市場中大多數人的決策，最終將陷入騙局或失敗，所以群眾是不理性的。

我們看到臺灣近幾年的幾個現象，一個是各縣市爭升格直轄市。其他縣市跟進的羊群效應，當台北縣得以改制為新北市後，則緊鄰該縣的桃園縣人口已達一百九十餘萬，或是台中縣市合併的直轄市門檻，人口數超過二百萬人。這些縣市也都有改制升格為準直轄市的計畫，則準直轄市與直轄市、縣市之間的搶錢大戰反而會更加激烈，屆時爭議焦點也將從統籌分配稅款的面向上轉向財政收支如何重分配，甚至是行政區劃如何再重新調整的地方制度改革議題。

另外一個是考公務人員的現象，考公務員熱並非始自今日，早在幾年前就已顯露端倪，可以說自臺灣建立公務員招考制度以來，考公務員的熱度就直線上升。不管考公務員的人心態如何，這種社會現象的出現總是有原因的，也就是說考公務員熱的原因到底在哪？首先是考公務員熱凸顯了公務員這個職業的誘因，具有穩定的收入、優厚的待遇、較高的名望、體面的生活甚至還有對灰色收入的渴望。其次是就業壓力大，找工作難。許多大學生雖然也知道自己的行為比較盲目，卻又不得不無奈地投身到這種盲目中去。就業壓力的逐年增大，使他們不得不尋求每一個可能的機會。三是就業觀念的影響。臺灣長期以來，受學而優則仕觀念的影響，人們總是青睞機關工作，這種就業觀念影響著社會的各個層面。即使大學生本人不想考公務員，但是很多家長也會施加壓力。

有則幽默講：一位石油大亨到天堂去參加會議，一進會議室發現已經座無虛席，沒有地方落座，於是他靈機一動，喊了一聲：地獄裡發現石油了！這一喊不要緊，天堂裡的石油大亨們紛紛向地獄跑去，很快，天堂裡就只剩下那位後來的了。這時，這位大亨心想，大家都跑了過去，莫非地獄裡真的發現石油了？於是，他也急匆匆地向地獄跑去。這就叫做羊群效應，台灣曾經出現過蛋塔風的類似現象，雖然如此，我們也看到不再迎合普羅大眾的特色咖啡廳也越來越多。

在腳步匆忙的現代，想要放鬆心情悠閒的烹煮一杯咖啡品嘗，往往是一件奢侈又不易做到的事。於是聰明的咖啡商就發明了罐裝咖啡，可以使人立刻得到滿足。台灣遍地都是咖啡館。星巴克、丹堤這類的連鎖巨頭自不必提，也不用說名聲赫赫的明星咖啡廳，就是普通街頭、尋常巷陌，也處處有小門小戶的個性小店。

但是，假設你走過一家餐廳，看到兩個人在門口排隊等著進去用餐。「有人在排隊，這家餐廳一定不錯，」你心想著，於是也跟著排隊。另一個人經過，看到有三個人在排隊，也想：「這家餐廳一定棒呆了！」於是也跟著排隊，就這樣，其他人陸續加入人龍。我們把這類行為稱做「從眾」（herding）。從眾行為就是我們根據別人先前的行為，而認定某事物是好（或壞）的，接著自己也跟進。

不過，還有另外一種稱做「自我因循」（self-herding）的從眾行為，那就是我們根據自己之前的行為，而相信某事物是好（或壞）。基本上，一旦我們成為第一個在餐廳前排隊的人，我們就會在往後的經驗裡跟在自己後面排隊。而我們在咖啡的世界中，也將咖啡分成沖泡式即溶咖啡（一般多為熱的），與現成的包裝即飲咖啡（一般多為冰的）兩種來分別，加上咖啡種類繁多、或者有糖無糖、或者咖啡因多寡，所以往往不好以偏概全，大抵上，年紀愈大愈愛喝咖啡這種說法，在即溶咖啡裡準，在即飲咖啡則不是，若再考慮其它因素，自然又會有另外一種說法。

罐裝咖啡在日本發明，台灣在這一方面追隨著日本人的腳步，所以有商人引進罐裝咖啡，並在台設廠製造販售。國情不同，咖啡文化也跟著不同。由於便利商店文化興盛，罐裝咖啡以台灣跟日本產量最多，罐裝咖啡即是台灣與日本一種獨特的咖啡文化。

不過，其實這種跟大群人一起行動的心理模式，卻是最原始的自我保護機制。試想若一個原始人離群獨自行動，跟另一個留在族中的原始人，哪個生存機率會較高？可是在市場中，當一大群人都蜂擁一起行動，那只會令價格被提高至超離基礎因素，結果只會落得損手爛腳的下場。為了取得自我保護機制，政治人問必須拉幫結派，就像喝咖啡一樣，你喝我也喝的價值觀相同，派系是人類很普遍的小團體現象。

我們不禁要問，你的選擇通常跟預期反其道而行嗎？進行重要決策時，通常會用很多時間審慎思考，並且定下自己認為萬中選一的決定，但若最後的結果不如預期，這時你會如何？大多數情況都會鼓勵人再接再厲。以正面思考而言，如此並沒有錯，但是，結果的對錯通常跟你是否正面思考沒有關係，而在於作決策的過程。如果沒去檢視決策過程，從來沒有改變過自己，那又要如何期待產生不同的結果？如果每次的決定，都是依據市場大眾所做的共同決定，那你又怎麼可能期待自己是最終得利的那個呢？

共同決策通常頗難產生皆大歡喜的結果，原因在於「投票的矛盾」，越想根據每個人的共同偏好做決定，但卻越達不到共同想要的結果。舉例來說好了，由四個人決定八個選擇的全部排名，跟由八個人決定四個選擇的排名，哪一個比較容易？直覺上我們會認為前者應該比較容易，因為決策者只有四人，後者因為人數太多，意見分歧的機會也比較大；但經過數學統計，實際上前者無法達成共識的機率低於後者。因此要達成有效決策，需要多數人的參與，同時選項數也不能多過決策人數，如此產生共識的機率才會提升。

但在政治投資的世界裡，選項永遠呈現爆炸狀態：要買什麼？什麼時候買？要不要賣？……選擇的機會多如牛毛，因此困難度會大大提高，而市場又是大多數人互相猜測彼此喜好，而且常猜不準所造成的結果。政治大學的「未來事件交易所」提供另外一個觀察的切入點，政治投資市場並非像歌唱比賽，比個幾個月，實力大家都可以看到，一定能選出冠軍。政治人物有沒有實力跟一時會不會被大眾發覺或選擇，是兩回事。因此當大家發現自己的選擇不如預期，就會瘋狂想要逃離，與預期差距越遠，崩跌速度或幅度越大，雖然如此，但是台灣人對於政治的熱切渴望仍清晰可見。

八、二十四小時的書店

台灣聞名世界的人文空間

在台灣，書店不僅僅提供文化汲取與涵養的空間，還是人與人相遇的美好起點。

每個國家都有書店，但我們福爾摩沙小島的書店卻最有趣味，甚至被日本、香港、歐美國家列為特殊的旅遊景點，一家日本旅行社對台灣推出的台北單日行程如下：九點─故宮博物館↓十二點─永康街鼎泰豐小籠包↓下午二點─誠品敦南書店↓下午三點─光華商場舊書攤↓下午六點─梅子台灣菜↓下午七點─士林夜市↓晚間八點半─腳底按摩。

我們可以在牯嶺街的舊書攤找到台灣鄉土作家黃春明的絕版文學、我們可以在天母的胡思二手書店瞥見楊渡的類自傳小說、我們可以在失眠的夜晚到不打烊的敦南誠品書店感受熱絡而靜謐的氛圍、我們可以在宛如百貨公司的旗艦店式書店與家人渡過悠閒假日、我們還可以在淡水河邊的風景書店，看書喝咖啡，然後享受一個下午的微風。

台灣書店帶給我們的精神上的幸福不比台灣小吃遜色，我們不但在書店享受購物的暢快樂趣，還在書店沾染了一身的文化氣息，新銳導演易智言的台灣電影《五月之戀》，女主角劉亦霏與男主角陳柏霖就是相約在台北區大直的一家氣質書店見面，幾個明信片般的鏡頭，卻吸引許多港、日影迷前往朝聖，可見台灣書店不只是純粹販賣知識的地方，還是台灣一個特殊的文化風景，我們在誠品書店，想像自己是黑白廣告片的男女主角，喝一杯書店的咖啡，閉上眼睛緩慢感受忙碌之餘的清閒。

誠品是台灣成功打造的「文化書店品牌」，它卓越的企業設計系統刻劃了品牌的個性、凸顯了品牌的精神，而一舉成為台北的代名詞，尤其誠品信義店是全亞洲少見的超級大書店，它共地上地下共計八層，有七千五百坪，其中二樓到四樓為各重型態得主題書區，藏書三十萬種、超過百萬冊書籍，同時首創「店中店」的方式經營書店：簡體書店、日文館、藝術書店，為台灣打造了閱讀與文化空間的無敵視野格局，這個點子不來自國外，而是我們自己想到，最初的誠品書店是從天母的中山北路開始，那時它暖色系的木頭空間、貼心的看書桌椅、芬芳馨香的書架曾讓無數的書迷驚豔，我們曾經以為這樣的書店也許只會曇花一現，但它卻開創了屬於自己的藍海。

現在，說起台北，旅人們會想到什麼呢？答案應該脫離不了是小吃、夜市以及誠品書店。不打烊的的誠品書店，讓夜貓子有了酒吧、夜店之外清新的去處這樣的點子，除了古靈精怪的台灣人，還有誰想得到？「我在睡不著的凌晨一點逛書店」這是台灣人獨佔的幸福。

不過對一些台灣人而言，誠品是用來悠閒逛街、感受文化的地方，若論荷包，真正適合買書的場所是是重慶南路與師大路永遠都在打折的書街。

若論挖寶，光華商場的舊書攤，還有天母胡思、公館的茉莉等二手書店才是更有看頭的去處，一本五十元張愛玲的未改版的《惘然記》、一本二十元的舊版金庸文庫，買到它這個下午就樂翻天。

各種與誠品氣息媲美的獨立書店，也是台灣人的創意衍新：太多熱情的年輕人，讓繽紛的夢想開花，台大附近那一個專賣女性書籍的女書店，它的招牌至今仍然佇立；台北國際藝術村的東村小書店，仍然在苦心經營一個只賣藝術書籍的書坊。

台灣是歷史不久的小島，沒有京都隨處可見的百年寺廟、沒有歐洲常見的壯闊大教堂、沒有動人心弦的雪景、沒有驚鴻一瞥的極光，但我們有外國沒有的不打烊書店、我們有少見的有獨立風情書店，在這些各式風情的書店裡，讓我們感受台灣文化向上的動力，讓我們感受年輕人夢想不斷的萌芽與滋長，讓我們感覺台北是一個骨子其實很美的城市，讓我們感覺在台灣生活其實有很多意想不到的樂趣！

從服務型政府來看

喜歡看書的人，一定愛去誠品書店，人力銀行舉辦服務業大獎，誠品書店服務人員的笑容可掬，書店三更半夜到清晨能夠吸引的讀者人數有限，業績不可能好，但營運成本很高，不過，純就服務方面來說，還是不錯的。

向企業學習是必須政府面對的潮流，服務型政府強調公民本位，在民主制度的基礎下，政府以為民服務為宗旨；一切施政目的在於增進全民福祉，而非特定個人或團體的利益。前者正是傳統自由主義理論（Traditional liberal theory）所揭櫫的理想、價值與信仰，後者則是多元主義理論（Pluralist theory）所認同的事實。

政府為人們共同利益而產生，但有時也可能成為人民權利的侵害者，可能被少數人民所左右，為了個人或政黨的利益而侵害或侵犯到人民的權利，因此自由主義主張政府的權力應予以限制。政府的權力來自人民的同意，該權力只限於加強人民的互惠，當政府有違人民的寄託時，人民可起而推翻或改組。是故，對政府的權力應採Locke所建議的保守態度予以限制，政府各部門間應精細分工與相互制衡。

競爭的市場經濟符合前述自由主義的民主制度三原則，市場經濟強調眾多的消費者與生產者，參與者不具有獨占市場的權力，亦即競爭使廠商無法剝削消費者，此正是對權力的保守主義。市場經濟強調消費者與生產者皆是理性自利的作決策，此係民粹主義的觀點。又市場經濟注重自願性交易，交易雙方皆互蒙其利，這是互惠的原則。

正如同民主制度透過多數決的投票機制，考量多數公民的偏好；市場經濟制度則透過價格機能配置資源，以反映消費者不同的偏好。不同的偏好造成生產的專業化，分工專業化則促成生產力的增加。市場經濟靠民主制度來保障個人的自由與差異性，進而產生自由主義所謂的集體繁榮。

在自由主義的理想下，政府主要職能在建立與保障財產權，讓市場經濟得以自由運作，除非在少數市場失靈情況下，政府應儘可能減少介入或管制市場；即使管制亦係為了提升公共利益。

雖然如此，但在效率與精簡人事的思維下，服務型政府似乎開始走味。九〇年代政府組織再造的口號響起，業務外包、民營化和部會精簡等聲音紛紛出現，但不見任何一個部會首長被精簡掉，反而業務外包越來越多。台灣勞務外包情況越來越嚴重，尤其政府單位更是使用外包人力的最大單位。二〇〇七年台北市政府將停車管理業務外包，裁撤市政府內停管處勞工人力，隨後解雇四名工會幹部，引發停管工會抗爭。

台灣社會有多「危險」？根據我們手邊資料粗估，台灣保護型社工中，高風險社工平均案量約為三十案；兒少保社工則大約八十至一百案，這些還不包括接獲通報後、需進行訪視後再評估是否開案的事件，相較於國外一位社工平均案量約二十五件，台灣社工明顯「能幹」許多。

台中曹小妹的案例值得我們深思，曹小妹的死，大家都把責任怪到台中縣社工身上，面對外界指責，社工說，她們連續三次到曹小妹家，因為沒人回應、留下紙條，但社工拿出通報單寫得很清楚，四月二號接獲通報，她們一直按照程序處理，但再多的眼淚也喚不回兩條失去的生命。

正常的狀況下，政府部門應直接聘雇社工，給予一定的福利及保障，民間團體則做為一個監督者，監督政府的執行效能和狀況。但目前的狀況卻是政府將社會福利「產業化」，社會福利變成專案，外包給外面的機構承接。民間機構底下的社工福利、薪水都比政府社工低，做的卻是和政府社工一樣的工作，原本應是執行者的政府社政單位，反而搖身一變成為監督者。

反思臺灣勞動條件差，而相對應政府勞力委外的情況，金融海嘯來襲時間的無薪假的概念更顯深刻。全國二十幾萬勞工和他們家庭在「無薪假」期間所承受的經濟壓力與苦難，針對行政院長吳敦義指稱，企業休無薪假的創新理念令我們也拍案叫絕，「該得諾貝爾獎」，而馬英九總統也認為「台灣經濟不是「無感復甦」」言談，是不是更值得我們深思呢？

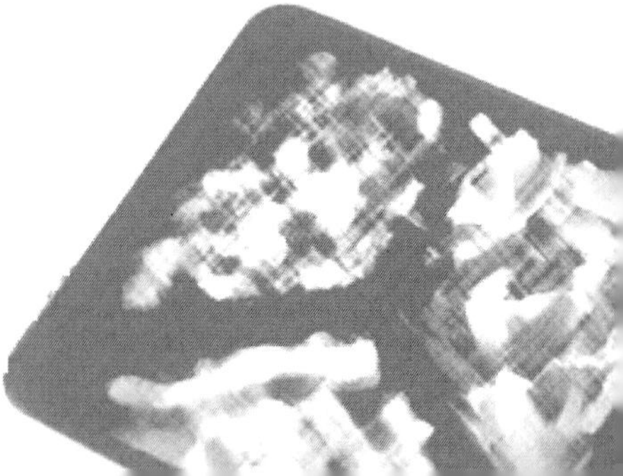

九、台灣便利商店

密度世界No.1與二十四小時拼搏精神

你知道嗎?台灣是全世界便利商店密度最高的地方，截至二〇〇二年底，國內便利商店的總數已達六千八百五十一家，還不包含非連鎖體系，便利商店總數首度超過日本，成為全球擁有便利商店最多的地方;你聽說過嗎?全國所有的便利商店都是二十四小時，也只有台灣才有，而且影響所及，也帶動台灣速食業等其他產業，也逐步考量二十四小時的經營模式，甚至台灣連寺廟，例如台北的龍山寺，都是二十四小營業，台灣連神明都不打烊，這充分代表了台灣人的拼搏精神。

以便利商店密而言，台灣二千三百萬人口，平均每三千人就有一家便利商店，走在路上，仔細觀察，您將發現總是走不到百步，就有一家窗明几淨的便利商店在眼前出現。現在台灣人到外地旅遊，很難適應一個沒有便利商店的地方，也將居住場所是否有擁有便利商店，視作生活機能的首要考量。

便利商店究竟有多妙?這可不是在作廣告，它彷彿是個微型的「生活雜貨賣場+藥粧店+書店」，提供人們即時解決生活小困難的幸福，而台灣人正擁有這種便利幸福，不管多晚、無論寒暑、不談年節、不計風雨，我們都有便利商店相隨左右!

肚子餓慌時，便利商店提供各種中西微波熱食、甜鹹麵包，讓我們立即解除五臟廟即將被飢餓淪陷的危機；當無聊難耐時，便利商店的書報雜誌音樂CD隨時抵消寂寞與孤獨；當你趕赴約會，卻將本命（最重要的意思）的睫毛膏遺落在路上，便利商店迷你的梳裝櫃，救回你的美麗……。

有一個流傳已久的故事：某個在農曆年的除夕夜，當台北市成為空城時，一個肚子餓到乾癟的外國人在便利商店得到解救。當我就讀大學時，跟著朋友坐著夜車出遊，肚子空空，抵達恆春時，在凌晨五點的曙光下，看到便利商店，既然快樂的衝進去買麵包。這就是便利商店的神奇魔力。我們擁有隨時解決生活不便的幸福，密集的便利商店時時抵銷我們的不便與孤獨。

其實從便利商店的密度，可以窺見一個社會的群體個性，就像從一個人的走路速度可以看出他做事的態度（走路快者，通常個性積極、走路慢者，通常個性消極）。

亞洲，尤其台灣、日本、香港地區擁有最多的便利商店，這正反應我們民族的積極性格。我們的經濟奇蹟、我們中小企業老闆比例居全球之冠的事實，都可看見我們重視效率、積極有幹勁的社會性格，我們需要便利商店，急切解除生活上的不便，渴望用剩餘的時間作更多的事，我們潛意識中有一種追求效率的特質，這讓我們不停地往目標前進，因此，便利商店不斷的開發。歐洲國家就少有便利商店，也許因為他們在十九世紀掠奪太多亞洲國家資源，所以少有便利商店，因此他們得以慢條斯理的享受文化，他們少見新穎的便利商店，較常見的是老奶奶的雜貨舖，我們正一步步往文明與科技前進，他們毫不擔憂地享受歷史累積給他們在生活上的幸運。

世界第一家便利商店來自美國德州，它從食品雜貨商店、自選市場和熟食店演變而來。而第一家「二十四小時」營業的便利商店，據傳卻是源自於台灣？！民國六十九年，台灣引進第一家便利商店7-11，營業時間原本比照美國，是早上七點到晚上十一點。當時位於長安門市的台灣的第一家7-11，來客不多，業績一直清淡，有一天颱風夜卻發生意外的點子，當時店員無法下班回家，只好在店裡待著，想不到狂風大雨的三更半夜，顧客卻接二連三的光顧，7-11便從這個事件，體會出顧客隨時隨地都有購物的需求，創造了一種新的商機，因此當時的台灣7-11便極其大膽的把營業時間延長至二十四小時。

台灣便利商店的龍頭品牌7-Eleven，還有一項創舉，就是將每年的7月11

日為「7-11 Day」，據信此傳統為台灣7-Eleven所創，最早美國、日本都沒有喔！創立7-11 Day最早的目的，是希望後勤單位不要忘記第一線門市店作業的辛苦，因此選定每年的此日，所有台灣7-Eleven後勤單位人員包含所有高級主管，都要到門市上班一天，因此又稱「並肩工作日」，後來其他國家陸續仿效，由此看出，台灣的便利商店不僅是一個微型購物商場，也可從便利商店在台灣發展出來的各種「衍生性創意」，發現台灣移民性格裡追求效率、永遠打拼的卓越優勢！

從電子化政府服務的角度來看

資訊與通訊科技的創新及普及應用，不僅引爆了全新的商業革命，同時也掀起了全世界電子化政府的浪潮，其不但為公共服務的轉型提供了鉅大的驅動力量，更進而產生公共服務典範移轉的契機。

臺灣現階段電子化政府之推動，在各方面已初具成效，接下來則需針對我國電子化政府網路服務之發展趨勢與服務內涵進行分析，以作為我國電子化政府網路深化服務之推動策略。同時政府有必要加速推動資訊通信的發展，以完成一整合型之電子化政府，並透過電子化政府之推動提升國家競爭力，共同打造台灣成為亞洲最e化的國家。

I-Government「整合政府計畫」，即將在推出國民「e管家」、企業「e幫手」等新型態「服務到宅」整合服務，讓民眾使用政府e化服務，就像上MSN、便利商店一樣自然、方便。推動電子化政府十年，成功的降低民眾跟公部門打交道的成本，把政府形象，從傳統的衙門變成二十四小時不休息的超商服務業。隨著電子化政府推動腳步，台灣社會發展也出現重大變革。在民眾愈來愈習慣網路生活的當下，民間企業無不積極以便利服務，掌握商機。

公務人員也需要再成長，不斷吸取新知。「知識網」主要扮演的機能是擷取知識的裝置，讓組織成員可以隨時隨地在適當的權限下存取組織的完整資訊，掌握組織的最新動態及政策方向，追蹤工作流程，找出並強化最佳的作法，機關單位能夠協同運作，跨越時空共享知識，並互相擷取及管理經驗，轉化資料或為資訊來將知識帶給團隊。

代表案例包括臺北市政府行政管理知識網、銓敘部知識管理資訊系統、臺北市政府衛生局入口網暨文件管理系統軟體開發、臺北市政府市政會議服務網、臺北市政府治安會報服務網。

上網報稅讓民眾不再花時間排隊，戶政連線讓遷移戶籍民眾不須兩地奔波，電子公文也讓政府公文往返時間大大減少，增加效率，這些都是政府推動電子化十年的成果，而行政院研考會表示，未來包括水電費、電話費、健保費及牌照稅等，都將整合在同一帳號，民眾生活更便利。

不過，網路使用頻繁，但很多知識不足或工具不夠的地區，則無法享用網路帶來的便利，政府為了彌補數位落差，研考會在全國一百四十處設置資訊服務站，包括蘭嶼、大金門、小金門等偏遠地區都有，由地方政府、社團或社區申請設置，研考會補助經費購置電腦，服務民眾。

資訊服務站任務包括教育社區居民使用電腦、擔任社區居民生活中心、文化保存資訊網站設置及產業功能，為當地居民開創生機，高雄縣六龜鄉新發村村長林文田的例子，林文田因為學會上網，便自己在網路上販賣芒果與蓮霧，免於中盤商剝削，讓資訊服務站成為偏遠地區的好幫手。

十、全民健保——台灣人不怕生病的理由

移民國外、拿綠卡的台灣民眾，最捨不得放棄作為一個台灣人的「權利」是什麼？答案就是台灣的全民健保，因為國外生病的代價，昂貴的讓人難以想像；很多在中國大陸的台商，幾乎每次回台灣，最重要的一件事，就是利用健保去看病，因為台灣的醫療品質，比起大陸實際上好太多了，台灣的民眾對政府或多或少都有些抱怨，但台灣歷次民調都顯示，民眾對全民健保的滿意度高達七成；根據英國《Healthcare international》季刊二〇〇〇年的報導，二十七個主要國家中台灣名列最健康國家的第二名，獲得各國公共衛生專家的肯定。更重要的是，台灣的健保收費恐怕也是目前世界各國中最低的，也因此，很多國家，尤其是中國大陸民眾對於台灣的全民健保制度，都感到相當羨慕。

台灣的全民健保是一種照護全民健康的社會保險制度，它讓每一個台灣人的健康都獲得保障。在全民健保開辦以前，台灣只有一部分的人享有公、勞、農保的照顧，但是老人、小孩兒、家庭主婦及學生若非眷屬，就沒有這項保障。實施健保以後，不分男女老幼、不分貧富貴賤，每個人都能獲得適當的醫療照顧，於是，全民的健康，都有了保障。而且健保的根本精神，就是「助己助人、資源共享」，當我們健康沒病時所繳的健保費，可以先提供給遭遇重大疾病的人使用，作為他們就醫看診的費用，讓需要幫助的家庭，在經濟上沒有後顧之憂，能夠全心全意的照顧病人，降低對家庭經濟的衝擊，這是全民健保最大的好處。

「有健保的幸福，只有接受過健保幫助的人才知道……」，台灣過去在沒有全民健保的時候，台灣的弱勢族群家庭，要是其中有一個成員生病了，往往就會造成整個家庭生活的破產，尤其是罹患慢性重症的病患，那更會造成貧窮人家永無休止的負擔，例如，洗腎與癌症過去叫做「有錢人病」，因為只有有錢人能夠負擔洗腎與治療癌症手術、化療的龐大開銷，洗腎一次過去在沒有全民健保的時代，就要花三千元台幣，許多家裡親人需要洗腎的，往往最終造成家人龐大負債；而癌症過去要是窮人罹患了，那幾乎只能夠「等死」，現在台灣有了全民健保，對於許多弱勢族群而言，生病不再是件太可怕的事情，而癌症也不再是絕症，因為有了健保的支付，大家都能夠獲得治療的機會，同時，醫藥費也不至於拖垮家庭的經濟負擔。

從Olson的集體行動、公共財來看

一直是兩黨輪流做莊的美國政壇，開始已經不得不關注一下茶和咖啡的問題了。作為近來崛起迅猛的美國草根保守派運動，茶黨（Tea Party）正不斷牽動民主、共和兩黨的神經。同樣新進入美國政治體系的，還有咖啡黨（Coffee Party）。通過臉書（Facebook）成長起來的這個政黨，已擁有非常多的成員，並且這一數字還在迅速增長。

咖啡黨相對應保守黨茶黨挑戰、支持總統歐巴馬、推動健保法案。創黨人是韓裔第一代移民朴女士。十五天內即有十萬人參加，他們用facebook和Twitter傳播訊息，二十四小時在網上串連，展現網絡政治運動新境界。

當保守派的茶黨（Tea Party）在美國政治景觀上建立了引人矚目的地標之際，一個傾向民主黨並支持總統歐巴馬的自由派咖啡黨（Coffee Party）業已在全美各地成立。咖啡黨目前在四十四個州擁有三百七十個組織，海外則包括雅加達和東京。該黨已決定於三月二十七日舉行全國咖啡黨高峰會。

咖啡黨創黨人是一名九歲即從南韓移民美國的女性Annabel Park。朴氏今年四十一歲，家住首都華盛頓附近的馬里蘭州銀泉市（Silver Spring）。朴氏一家三十二年前自南韓搬到德州休士頓，她的雙親開了一間賣墨西哥食物的taco店，她常在店裡幫忙而使她認識美國和美國人。朴說，她在成長過程中亦遭到不少種族歧視，但她認為大部分美國人還是講理的、友善的。

十多年前，她在《紐約時報》營業部門做策略分析師，現為紀錄片製作人。她說，她不認為茶黨代表多數美國人的政治和社會觀點。茶黨把聯邦政府當做敵人，把華盛頓當做所有問題的泉源。朴說她不同意茶黨的觀點和立場，亦極為不滿當前美國兩極對立的政治氣候。因此，她在Facebook上發起籌組咖啡黨以號召和她有相同政治理念的人一起對抗茶黨，立刻獲得一群關心美國政治運作的熱心人士的響應，在十五天之內即有十萬人加入。

咖啡黨的口號是「醒過來，站起來」（wake up and stand up），他們認為聯邦政府並不是麻煩製造者，而是代表人民的集體意願；聯邦政府出了毛病，應該修補它，使其更加堅強和注重效率，而不是不切實際地廢棄它，使其癱瘓。茶黨主張大幅縮小聯邦政府的權力，而強化州政府的功能與權限。咖啡黨強調，政府並不是人民的公敵，而是人民的聲音。咖啡黨和茶黨的政治主張雖南轅而北轍，但兩黨也都贊成聯邦政府越小越好，所得稅越少越佳。

每小時吸引上千粉絲，茶黨和咖啡黨的崛起，和過去所有政黨興起的模式完全不同，他們是靠網絡發起組織活動，他們使用Facebook、Twitter傳播訊息，而達到二十四小時、一週七天不分晝夜、不分地點、不眠不休、無遠弗屆地網上串連，其力道與效果是驚人的。以咖啡黨為例，在一個月之內，該黨Facebook即有五萬「粉絲」，而現在每一小時即吸引上千名粉絲。茶黨和咖啡黨也許不大可能成為第三黨或第四黨，而只能變成一個有影響力的獨立組織，或與兩大政黨（民主和共和）很接近的附屬政黨。但就這兩個新興政治組織創立的方式而言，已突破了西方政治史和政黨史的老傳統，而使網絡政治運動邁向了一個嶄新的境界。同時，亦展現了網絡在今天政黨活動中的無限潛力。

現正陷於政治苦戰的歐巴馬和民主黨必然很樂意聽到咖啡黨的成立，以作為他們的援軍。朴氏二零零八年大選時當過歐巴馬的助選志願者（志工、義工），而她亦曾為維珍尼亞州現任民主黨參議員吉姆・維布（Jim Webb）助選。對此，茶黨及共和黨都認為咖啡黨和民主黨關係密切，但朴和咖啡黨高層人士皆予否認。他們並不諱言咖啡黨是個自由派並支持歐巴馬政策（包括健保改革）的組織。維布是當年越戰英雄，曾是共和黨員，在前總統列根時代當過海軍部長，二零零六年以民主黨身份競選參議員獲勝，出版過多部小說，其現任妻子是越南人。四年前，朴氏即以亞裔選民組織來助選。同時，亦有人認為大富豪喬治・索羅斯（George Soros）通過他所成立的「開放社會研究所」和索羅斯基金會支持咖啡黨，該黨亦加以鄭重否認。沒有疑問的是，民調聲望大不如昔而又處於四面楚歌的歐巴馬，當然歡迎咖啡黨的興起。特別是健保改革法案在國會正面臨最緊急、最重要的關鍵時刻，眾院民主黨領導層已下達動員令以期修正後的法案能在最短期內獲眾院通過。最近幾個星期，為健保改革到處下鄉活動的歐巴馬為了催生法案，特地展延出訪澳洲和印尼，啟程日期原定三月十八日，現已延至三月二十一日。眾院通過之後，還需參院審核。儘管歐巴馬不久前曾在白宮召開兩黨健保高峰會議以拉攏共和黨，但共和黨已斷然拒絕合作。參院共和黨領袖、肯塔基州的Mitch McConnell（前華裔勞工部長趙小蘭的丈夫）向歐巴馬喊話說：「你最該做的就是放棄健保改革。」歐巴馬一笑置之。

不論健保法案通過與否，都將對未來歐巴馬的總統職務和美國政治運作產生重大影響。歐巴馬目前不僅遭到共和黨人的圍剿，民主黨黨內對他的嗆聲（不滿之聲）亦日益壯大，尤其是中間偏左的自由派認為歐巴馬已背棄許多競選諾言。候選人歐巴馬及其團隊上下一致，同舟共濟，既能充分利用網絡動員遍布全美的志願者，且能抓住議題，表現得生龍活虎，又能捕捉到時代與社會的脈動。然而，總統歐巴馬卻失去了動力與焦距，無法和民意掛勾，同時又犯了許多戰略上和戰術上的失誤，而他又未能有效地向人民解釋。例如八千多億美元的經濟紓困計劃以及挽救銀行方案都是解救水深火熱中的美國經濟的「必要之惡」，但引發了許多中下階級人民的非難。也有人認為歐巴馬施政失之過急，一心想在很短的時間同時做很多的事情，而自亂陣腳、顧此失彼。此外，為反對而反對的共和黨亦為歐巴馬帶來難以施展的痛苦。

咖啡可壓倒茶，茶黨的興起即因政治理念偏向共和黨的選民不滿天文數字的經濟紓困法案而在全美各地如火如荼地展開。咖啡黨成立的宗旨是要維護歐巴馬政權，協助其推動一些政策（如健保），並使聯邦政府真正成為人民的政府。據《華盛頓郵報》和ABC電視公司最近聯合製作的民意調查顯示，三分之二的選民認為美國政治制度已經支離破碎，對聯邦政府尤其不滿和生氣。在這種前提下，咖啡黨的任務比茶黨還要艱巨、嚴峻；也就是說，親歐巴馬政府的咖啡黨如何能在充滿戾氣和劣勢的政治環境中說服美國人民，以積極參與和肯定態度協助歐巴馬政府修補破碎的政治制度和失靈的政治功能。

一名政治觀察家諷刺地說，已成立的茶黨聲勢浩大，經費又多，影響力與日俱增。與茶水沸騰的茶黨相比，咖啡黨如同一粒微不足道的小咖啡豆。甚至有人譏嘲地說，既然可以成立咖啡黨，當然也可以創建果汁黨、可可黨、紅牛黨（Red Bull，一種運動飲料）和Latte黨。但也有一些比較公正的觀察家表示，不能輕視咖啡黨的潛力，美國人愛喝咖啡，他們以全國各地的咖啡店為基地，經常聚在一起喝咖啡談國事、論政治，在咖啡上進行腦力激盪，試圖為美國政治和社會找到「可以一起飲茶及喝咖啡」的大環境。

十二、台灣布袋戲

——最代表台灣的意象

布偶＋美國經典音樂＋中國功夫＋國台語流行歌曲＋電子聲光效果＋章回小說＋北管＋平劇，最後會誕生出什麼樣的東西？答案是台灣布袋戲！當美國、日本的卡漫文化成為多數台灣小孩的童年時，屬於台灣的童年趣味還有什麼？答案還是布袋戲！它是我們獨一無二的民俗特產，將連接上一代與下一代的回憶，成為承先啟後的文化力。

民國九十五年行政院新聞局舉辦的「尋找台灣意象」中，布袋戲得到票選第一名，可見大多數的台灣人都同意：最有台灣味的一幅圖畫就是布袋戲！布袋戲並非台灣所創，卻是在台灣深根、在台灣人手上歷經輝煌燦爛般流金歲月，並打進日本（固定收視群）、紐約（受邀演出）、法國（文藝季參演）等全球市場的民俗文藝。沒有人會反對，隱含顯赫武功、埋藏多年文化、歷經百年洗禮的布袋戲是屬於台灣的驕傲，它是象徵正港台灣人精神的戲劇。

創造出第一個轟動台灣街頭巷尾、幾乎無人不知、無人不曉的布袋戲「史艷文」，就是有「史豔文之父」之稱的台灣布袋戲祖師爺黃海岱，他登上Discovery探索頻道的節目《台灣人物誌》，讓世人都知道台灣光輝燦爛的民俗；霹靂布袋戲不但創新布袋戲演繹模式，還藉由電視、電影、網路、電子遊戲等多媒體拓展文化新視野；電影《聖石傳說》不但製作精細、媲美好萊塢聲光電影，更遠赴東瀛風光上映，**PILI Taiwan**《聖石傳說》也跨海參與法蘭克福書展，讓這個收視人口平均達三百五十萬戶以上的台灣之美進軍歐美！

布袋戲源自於中國的傀儡戲，傀儡戲到宋代發展至頂峰，清代已成為普遍的中國戲曲，福州、泉州、漳州一帶最為熱烈，不但戲偶、戲曲、戲台都自成一格，也成為掌中戲的發展重地。

隨著福建藝師的移民、從台灣出發前往福建一代學藝的藝師返台，掌中戲流傳到台灣，成為極受民間歡迎的文藝消遣，最早傳入台灣的演出形式是由明末清初的小戲棚杖頭傀儡戲演變而來，單人演出、簡單的鑼鼓配樂、短劇形式為主要特徵。隨著歲月更迭，台灣的掌中戲藝師也漸漸發展出一套屬於自己獨創的演出方式。由於戲偶形如布袋、藝師的置放戲偶的布袋，還有早期演出的戲棚形狀很像布帳，讓掌中戲在台灣發展出屬於自己的稱謂——布袋戲。

民國建立以後，因為有北管、平劇等元素融入，歷史故事、章回小說、民俗演藝改編的劇本作為演出的曲目，讓台灣布袋戲開始產生重大革命。此時戲班與日遽增，許多戲班不再依循傳統，開始採用武俠小說或自編劇本來吸引觀眾，「劍俠戲」、「金光戲」的產生便是由此而來。

金光戲捨棄傳統的鑼鼓曲目作串場，改用唱片配樂；劇情也脫離歷史故事，改為能吸引更多觀眾的自創劇本……這些打破布袋戲傳統演出的模式，讓金光戲一度大受歡迎，布袋戲戲班在此時大量增加，更多人投入布袋戲的領域。不過，金光戲的劇情發展到後來偏於光怪陸離，一味追求吸引更多觀賞人口，卻讓戲劇模式過於粗糙浮濫而漸漸式微，但金光戲的大膽嘗試，在布袋戲的歷史上，仍佔有劃時代的意義。

隨著金光戲的式微，台灣社會也從農業社會前進至工商業社會，聲光效果兼具的電影、電視成為百姓新的娛樂形式，因此傳統的北管布袋戲也與其他民間戲曲一樣，得面臨改革與衰頽的命運交叉口，這個時候布袋戲藝師們卻宛如壓不扁的玫瑰，拒絕衰頽，選擇了改革的方式，來延續布袋戲的生命，「真五州」的黃俊雄、「新世界掌中劇團」的陳俊然、「寶五州」的鄭一雄等，在布袋戲的歷史裡，就猶如改革派，他們以迎合社會脈動的方式，讓布袋戲得到新生。民國五十九年，「電視布袋戲」成為布袋戲史最重要的轉變，由「真五州」黃俊雄所領銜，將其父親黃海岱的《雲州大儒俠史艷文》在台視播出，引發萬人空巷的收視熱潮，五百八十三集的連演紀錄，締造了電視節目的收視佳績，也讓創造出七百多個以上布袋戲班在台巡迴演出的空前盛況。一九九五年，大霹靂公司成立「霹靂衛星電視台」，為台灣首創以本土藝術為號召的電視媒體，全省系統普及率高達九十九%，收視人口達三百五十萬戶以上，二〇〇二年霹靂布袋戲從新聞局手上領取「新興重要策略性產業執照」成為台灣文化產業推動的使命者。

台灣布袋戲演變至此，除了將已逝的國寶級藝師黃海岱、李天祿都是傳統布袋戲，繼續傳承下去，其實更融合更多樣現代的因素進來，他們成為台灣文化的最佳詮釋者，既有傳統的繼承，也有現在不斷創新的因子，就像如今的台灣文化，其實已經是多種文化，包含中原、閩南、原住民、美國、日本、荷蘭等多國文化的融合、衍生與創新，它也是最代表台灣的意象。

從政治社會化的角度來看

青少年的政治社會化並不是獨立完成的，而是通過一整套機制來實現的，主要有家庭、社會共同體和大眾傳播媒介。誰來影響青少年，「轟動武林、驚動萬教」霹靂布袋戲，在桃園國際機場候機室現身，透過3D特效及觸碰螢幕等科技，讓國際旅客感受濃濃的台灣文化及互動的樂趣。桃園機場為強化台灣特色與免稅店業者合作，美化各候機室。采盟免稅店選擇與台灣意象票選第1名的霹靂布袋戲合作，將台灣文化創意產業與機場結合，將布袋戲藝術魅力帶入國家大門，在第二航廈設置「霹靂布袋戲主題候機室」。

家庭影響著青少年的政治社會化。家庭是青少年政治社會化的起點，它在個體的政治人格塑造、人生觀的形成、基本政治生活規範的獲得等方面產生著潛移默化的影響。在家庭中，父母的政治態度、政治傾向、政治意識、政治價值觀直接影響著青少年的政治態度、政治傾向、政治意識、政治價值觀等。父母之間、父母與子女之間的關係也影響著青少年的政治社會化。

社會政治共同體影響著青少年政治社會化。社會政治共同體是由社會地位和利益相近、信仰大致相同、且有某種共同志趣的人組成的，如政黨、工會、學會、協會、學校、團隊組織、非正式團體等等。這些政治團體往往在政治文化的確定上起著某種強化作用，可能改變個人的政治取向。對於青少年來說，學校在青少年政治社會化過程中的作用最為明顯。

大眾傳播媒介影響著青少年政治社會化。傳播媒介中的政治傾向性、政治價值判斷的標準，對青少年的政治觀念與態度都有影響。另外，大眾傳播媒介也是政治知識的傳播者，並通過經常的傳播來誘發和提高青少年的政治興趣。由於大眾媒介經常傳播政治觀念使青少年之間可以經常進行政治問題的討論，這就產生了政治社會化的直接後果。

第一代的黃海岱老先生就一改布袋戲以歷史公案劇為主的演出，根據民間的章回小說，發展出膾炙人口的劍俠戲。第二代黃俊雄則是金光戲的開山宗師，至於第三代的黃強華兄弟則將布袋戲的經營變成一種全新的企業。傳統不能滅，現代的要跑給觀眾追，布袋戲對傳統與創新是我們相當佩服的。

儘管許多霹靂布袋戲迷認為，霹靂主角在進軍美國的過程中，不僅失去了吟詩作對的台語，改成異國風情的英語以及Hip-Hop風格配樂，主角性格改到面目全非，但是過度堅持布袋戲的劇種特性主體，這對於霹靂布袋戲一直以來走向國際市場的計畫，不能說是抱殘守缺，但是多少也有著無法與世推移的遺憾。

儘管較早期的布袋戲是黃海岱、李天祿這些老前輩，以一人戲台的「掌中乾坤」傳承下來，從忠孝節義的傳統價值觀無所不包，但在兒孫輩的黃俊雄、黃文擇、黃強華手上，將傳統劇碼一變為雅俗共賞的商業性質較重、同時也注重舞台效果的金光布袋戲，換個角度來想，如果沒有經過這番改變，布袋戲不僅無法走向社會化，還有可能成為精緻文化的「劇種活化石」，我們能說走向商業市場，積極擁抱社會大眾的布袋戲不好嗎？而今霹靂布袋戲不僅拍成電影《聖石傳說》，更是改頭換面說英文擁抱國際市場，甚至計畫走向日本市場，如果能藉著這個機會讓更多異國人士看到台灣的特有劇種，進而產生對台灣文化認同，未嘗不是功德。在入境問俗、隨俗的過程，勢必有些取捨，才能融入該地文化，進而取得認同，身為台灣人，其實，我們應該更深有戚戚焉。

霹靂布袋戲的造勢活動大多是選擇人潮最多的百貨公司，或是文化指標性的誠品書局、皇冠藝術節等，藉此慢慢改變菁英份子對電視布袋戲的看法。而藉著與國際流行雜誌合辦的布袋戲與政治人物配對的票選活動，與中國時報合辦的徵文比賽，都在媒體上造成一時的喧騰。

但是，一齣通俗的布袋戲，卻成為政治人物的隱喻，廣受歡迎的素還真雖是正道的領袖，手段卻十分權謀，為了自己的決策考量而犧牲了其他人物，行事風格極為相近與貼切當今政治人物。不過，素還真是有理念的領袖，是為了和平努力，自然能夠吸引支持者聚集。一頁書嫉惡如仇，鏟奸除惡不手軟，遍尋國內政黨黨內沒有這種政治人物，但是人生如戲，戲如人生，一頁書與素還真同為戲中台柱角色，多次與素還真攜手合作，弭平災禍的英雄，對照國內目前的紛紛擾擾，一頁書與素還真的合作，給了國內政治人物許多啟示，只是說者有心，聽者是否有意呢？

選舉也是一樣，前新聞局長姚文智助選出奇招，為二〇一二年五都選舉組成「姚姚樂大劇團」，特別改裝超炫宣傳車演出劇碼為《台灣群俠戰五都》，由阿忠布袋戲團擔綱演出，結合布袋戲與選舉時事，以幽默詼諧口吻，演出布袋戲版的「全民大悶鍋」及「大話新聞」，借助宣傳車的高機動性，穿梭在大街小巷、廟口、市場或公園榕樹下與民眾互動。

除了重新包裝布袋戲形象，在流通網路上，霹靂的觸角更往外無限擴充。藉著電視螢光幕、錄影帶與網路三條通路培養觀眾之外，更與電腦軟體公司合作發行「霹靂幽靈箭」的電腦遊戲，吸引更多年輕的電腦族。而在東立出版社《寶島少年》漫畫週刊連載的《霹靂狂刀》走的也是青少年的最愛路線。青少年觀眾是延續布袋戲生命的新生代，大學生更是未來的菁英份子，因此年輕的觀眾是布袋戲亟欲吸收的重點。

十二、雲門舞集

——既本土又國際化的台灣活文化財

除了小吃、電影、人情味，還有什麼東西可以當作台灣的代名詞，也許三十三年前誕生的現代舞蹈表演團體「雲門舞集」可以是我們的國寶，一個可以讓我們全體國民觀賞完他們的表演後，能夠由衷感動、由衷感覺幸福的東西。

三十三年前，雲門舞集由去年得到亞洲英雄榜的林懷民所創辦，林懷民從古典文學、民間故事、台灣歷史、社會現象等地方取得編舞素材，將舞碼加進現代舞的前衛觀念，創造出如書法一般行雲流水的舞蹈。很多沒看過現代舞的人，都在雲門舞集的創作裡，找到對舞蹈、對律動，甚至是對土地、對歷史的感動。

有人從被國際芭蕾雜誌譽為編舞藝術經典之作的「薪傳」裡找回對台灣史詩、台灣土地的歸屬感、有人從享譽國際的「九歌」裡感受現代舞的華麗與魅力、有人從赫曼・赫塞根據佛傳故事改寫成的小說「流浪者之歌」體會現代舞的深層意涵。

台灣現代劇場的發展中，可從民國六十九年開始，由姚一葦教授所推動實驗劇展看起，這股實驗劇的風潮，打破已呈僵化的寫實主義，強調創造性，發表作品的劇團，除了蘭陵劇坊外，多半由學校戲劇系的老師、學生及校友組成，比如蔡明亮和王友輝等人組成的「小塢劇場」、國立藝專影劇科所組成的「大觀劇場」、文化大學藝術研究所組成的「人間世劇團」等。

八〇年代，台灣現代舞可分成兩派，一派是由小劇場起家，爾後結合商業劇場的方向發展的劇團，比方表演工作坊、屏風表演班、果陀劇場等等；另一批則是始終捍衛「小劇場精神」，以探索、前衛為己任的劇團，代表者有「筆記劇場」、「環墟劇場」、「河左岸劇團」等。

雲門舞集在一九七三年成立，以呂氏春秋裡的「黃帝時，大容作雲門，大卷……」作為舞團的名稱。這是台灣第一個職業舞團，也是所有華語社會的第一個當代舞團。

雲門的舞台上在舞團成立至今呈現了一百五十多齣舞作。民間故事、歷史文學，甚至社會現象都是其舞蹈的創作來源，舞者的訓練不僅有現代舞、芭蕾，還加進代表著中國的肢體動作，比方京劇、靜坐、太極導引、拳術等。

平均每場觀眾高達六萬的雲門舞集，除了帶動台灣民眾觀賞現代舞的熱潮，也經常至海外演出，是國際藝術節的重要來賓。薪傳、九歌、行草、紅樓夢、流浪者之歌、水月、狂草等舞碼，都是雲門經典的代表之作。

為了發揚種籽教育的精神，雲門於台灣各地創立了「雲門舞蹈教室」，以多年的專業經驗當作範本教材，透過啟發性的教學，讓小朋友從小培養對於「生活律動」的觸覺與美感。

一九九九年，雲門舞集成立子團「雲門舞集二」，雲門舞集二深入台灣各地校園和社區，希冀讓更多觀眾能夠欣賞到雲門的舞姿。

復興北路一條靜謐的巷子，叫做「雲門巷」；雲門三十週年特別公演的首演日，八月二十一日，同時訂定為「雲門日」，這不僅是政府肯定雲門舞集為台灣文化所帶來的實質貢獻，並有感謝雲門舞集三十三年來為台灣所帶來的感動與榮耀等深深的意涵！在台灣我們隨時可以與雲門舞集同在，感受其專業的舞蹈與深刻的文化內涵，就是一種擁有生活藝術常伴左右的幸福！

雲門舞集目前每年固定輪流在各城市戶外演出，大如國家戲劇院、小至小鄉鎮學校禮堂、寺廟門口，它不但深入民心，連台灣阿媽都看的到、看的懂，也走入國際，《中時晚報》說「雲門舞集是當代台灣最重要的活文化財」、《紐約時報》說「雲門舞集的水月是當代最佳舞作」、倫敦《泰晤士報》讚譽「雲門舞集是亞洲第一當代舞團」、《法蘭克福匯報》則指出「雲門舞集是世界一流現代舞團」我們無法對國際形容的中國文化，我們無法對世界發表的台灣歷史，雲門舞集都透過他美麗的舞姿向世人傳達了，它用文化的力量，讓國際間的人都認識這個曖曖內涵光的小島，讓全球的人都知道台灣不只有厲害的晶圓代工、筆記型電腦，還有溫暖、深度、如詩如畫的文化。

從文化創意產業角度來看

「文化創意產業」各國定義大同小異，意指源於個人創意，技術與才華，透過智慧財產權的開發與運用，有潛力創造財富與就業機會，進而提昇生活環境的活動。這包括了傳統上由政府資助的文化藝術，如交響樂團、舞團等表演藝術團隊，也包括電影、電視、流行音樂這些商業性的創意活動。

世界各國重視文化產業，成為新趨勢並已有很好的成績，如加拿大、紐西蘭（《魔戒》三部曲的效益）、日本等，透過文化產業的推展，帶動 或刺激國內經濟產值，尤以日本對傳統文化、地方風俗的發揚，振興了觀光業，在一片經濟不景氣下，造就了新契機。近年來中國大陸也積極推動文化產業。可見文化產業是不能忽視的重要經濟活動之一。國內林懷民雲門舞集、王俠軍琉園的成功，僅就其帶來的商機，不就其文化內涵在國際或國內中的影響，說明了文化產業的無邊商機；地方上的文化活動如白河蓮花節、屏東鮪魚季，將地方性的產業（原本虧損或沒沒無聞者），經由文化的創意行銷，不僅成為國內外的焦點，更帶來驚人的利益，可見文化產業可以是一門好生意。

依經濟部文化創意產業速報所提，文化創意產業的範疇如下：一、視覺藝術產業：從事藝術品的創作、經紀、展覽、經營、銷售、修復等行業。二、音樂與表演藝術產業：從事音樂與表演的創作、訓練、設計、場地管理、經紀、服務、藝術節經營等行業。三、文化展演設施產業：從事美術館、博物館、藝術村等行業。四、工藝產業：從事工藝設計、創作、展售、經營、鑑定等行業。五、電影產業：從事無線電、有線電、衛星廣播、電視經營及節目製作、供應等行業。六、出版產業：從事新聞、雜誌、書籍、唱片、錄音帶、電腦軟體經營等行業。七、廣播電視產業：從事廣播、電視等行業。八、設計產業：從事產業設計企劃、品牌設計、建築設計、景觀設計、展場設計、視覺設計、設計諮詢顧問、流行設計等行業。九、廣告產業：從事媒體宣傳物的設計、繪製、攝影、製作及裝置等行業。十、數位休閒娛樂產業：從事遊戲軟體、電腦遊戲、網路遊戲、動畫影片等行業。

表演藝術產業化需要經過「品牌化」的過程，增加它的附加價值，才有可能發展為可以量產，成為大眾消費的產業。「品牌」可以是個人，如馬友友；是團體，如維也納愛樂交響樂團；或作品，如「天鵝湖」。這個過程不容易。即使最商業化的音樂劇，要產業化也不是那麼容易。大家耳熟能詳，歷演不衰，量產紀念品、CD、DVD而獲得大量財富的音樂劇，不過寥寥數齣。失敗賠錢的音樂劇則數以百計。百老匯音樂劇因此叫作「割喉的生意」。

雲門舞集藝術總監林懷民針對所謂「台灣文化創意產業」的文化政策提出了一針見血的言論，林懷民直言，政府參與投資的表演藝術，無法讓更多台北以外地區的觀眾分享，是投資的浪費與政策執行的失敗；「有人才，再談產業」才是負責任的文化政策。台灣表演藝術要談產業化，我覺得要「培基固本」：創造表演藝術的健康生態，有了好藝術家、好團隊、好作品，才能談到延伸性的產業。

十三、三月瘋媽祖

——媽祖政治學

二〇〇九年起，中國大陸註冊湄洲媽祖信仰為世界無形文化資產，推動媽祖信仰成為世界文化之「經典」，面對媽祖信仰國際化趨勢，在體認全球地方化之際，如何呈顯台灣媽祖的在地特質，以表彰台灣媽祖信仰「文化多樣性」之價值，成為舉世注目的重要課題。

福建福田湄洲島的故事延伸，因媽祖之神蹟，又具有海上救父兄之故事，於是漸漸轉化成沿海居民重要的海神信仰，後又多加渲染，使媽祖名聲更勝於原先存在之四海龍王與水仙尊王之上，反而變成媽祖之藩屬，後隨信仰廣闊，出現太上靈感說斗中妙行玉女篇，更將媽祖的神威推廣到全方位，述媽祖隨呼隨應，後朝廷屢次封誥，於康熙五十九年，正式立入春秋祀典，神位已由民間轉化至官方。

而媽祖是台灣人熟悉的宗教信仰，每年的大甲進香更是在台灣吸引各界的眼光，鎮瀾宮更是在台灣各領域，有舉足輕重的影響力。但卻很少人知道其發展的過程，從一地方廟宇成為穿梭兩岸的知名廟宇，大甲媽祖也從中部地區，影響至海峽兩岸。

華人傳統的社會組織基本上可大別為兩類，一類是血緣組織，一類是地緣組織。所謂血緣組織，是指以父系家族的關係為基礎所形成的親屬組織，包括家庭、家族或宗族、祭祀公業、宗祠組織，以及某些以宗親會為名但成員資格較受限制的親族 組織。所謂地緣組織，是指某一地域範圍內人群的結合，基本是以部落為最小單位，以神明信仰為名義的社會組織，包括各種公廟（聚落廟、村廟、聯庄廟或大廟）組織 ，有一定地域範圍的神明會，以及各種大型的宗教活動（如迎媽祖、迎王、迎天公、迎城隍、普度、建醮）之組織。

研究台灣的地緣組織不能不從民間信仰上來看，這是台灣社會的一個特色，只有以神為名義，才能結合某一地域範圍內的大部分人群，這也牽涉到在台灣社會，村庄是一個可以行動的社會單位，在這個單位內居民成為一個祭祀的共同體，共同祭拜天 地神明，也只有在這個單位的基礎上，才能作更大範圍的人群的結合，而且仍然是要 以神明信仰的名義才能達成。

既然台灣的民間信仰這麼有組織性，我們可以從組織的觀點來將台灣民間信仰加以分類。一類是群體性的民間信仰，一類是個體性的民間信仰。所謂群體性的民間信 仰是指具有公眾祭祀（public worship）性質，且在一地域範圍內居民共同的宗教活動及其組織。所謂個體性民間信仰是指具有私密性的信仰

（private worship），可分為有組織性的民間教派如一貫道、鸞堂、齋堂、慈惠堂、軒轅教、天帝教等，以及無組織性的個人信仰行為如求籤、卜卦、算命、改運、收驚、童乩、尪姨、法師等一些占卜與巫術性的信仰。

而在屬於移民社會的台灣，發展關係多數由沿海福建一帶之居民為大宗，隨著時代背景的不同，在當時變化萬千的社會，要面臨一個新的大陸，還要歷經一個未知的大海，信仰自然成為最重要的一個精神支柱，帶著同鄉廟裡的媽祖香火，或船上置船艙媽一尊，來到台灣發展，尤以商港為主，為感念媽祖神威庇祐，多設草寮祭拜，然後開始落地生根，船往經商，賺錢後集資，慢慢建廟，地方廟宇產生後，而後漸產生以廟為放射發展的商圈，開始出現依廟而立的商街，如祭祀香燭、民生農具打鐵街、中藥草藥店、乾貨集散商行，如北港朝天宮、彰化鹿港天后宮，進而繁榮成市，可以說是移民社會的建構順道以證著媽祖信仰的發展。在另外一方面，媽祖信仰也間接影響地方聯繫的發展，從祖廟分香的分靈神，由每年回祖廟謁祖的儀式，間接開啟鄉鎮或都市的聯繫，再者，如聯合建醮活動，各大角頭鄉庄合力舉辦，除了擴展信仰圈之外，更帶來了許多側面的影響，如鄉野道路的擴展，經濟利益的交流。

關於大甲媽祖進香的歷史與淵源及演變過程，由於欠缺文獻記載，很難有一段確實的推溯，尤其是清代的文獻，缺少有關大甲媽祖進香之記載。再例如，彰化地區媽祖信仰活動頻繁，如南瑤宮笨港進香、鹿港天后宮迎二媽、枋橋頭天門宮七十二庄迎媽祖、寶斗迎媽祖、同安寮十二庄迎媽祖等；甚且，彰化媽祖的信仰範圍涵蓋中部四縣市，約有三百五十個村庄受其影響，龐大的信仰活動，展現豐沛的民間文化資源。為此，二〇〇八年起，彰化縣文化局訂於媽祖得道飛昇日前後舉行「媽祖遶境嘉年華」系列活動，串聯彰化地區各媽祖廟宇，以文化觀光導向，創造新型態文化節活動，以刺激產業運作，形成特殊文化節慶。

而大甲媽祖繞境，最近充斥著濃厚的金錢衛和政治味，而看到白沙屯媽祖繞境，也可以體驗到最原始的香料美感，立委顏清標化身為「顏教授」，到東海大學開講「媽祖政治學」，但學生對他的身材和跑攤經驗更好奇。他自嘲「我沒讀什麼冊（書）」，但美女同學爭著合照，學生也當他是偶像。大學生近距離接觸台灣草根性政治人物，雙方感覺都很新鮮。

從公民文化的角度來看

一九六三年，史丹佛大學教授奧蒙（Gabriel A. Almond）和佛巴（Sidney Verba）合寫了一部名著《公民文化：五個國家的政治態度與民主》（The Civic Culture: Political Attitudes and Democracy in Five Nations），就美、英、德、義、墨等五國的政治文化、公民參與、政治社會化與民主穩定等關係，作了實證性的探究。這項開創性的研究，當時受到政治學界極大的重視。但是從一九七〇年代以還，政治文化的研究，卻逐漸衰退。隨後繼起的則是依賴理論（dependency theory）、革命理論（revolution theory）、國家理論（state theory）、政治經濟學（political theory）分析，乃至理性抉擇（rational choice）、新制度主義（new institutionalism）等研究途徑。但是奧蒙等人所使用的「公民文化」一辭，卻並未消失，其指涉卻已有所變遷。

近年來，媽祖信仰在台灣儼然成為一般民間信仰的第一大宗教。探究其成功因素，可以說商業置入式行銷、政治造勢、現代傳媒，三方交叉運用得當的整套宣傳策略奏效所致。已連續好幾年，每到了農曆三月，全台各地從南到北媽祖廟，都會舉辦許多慶典活動。透過長達將近一個月的媽祖香期，媽祖遶境等活動，將整個台灣形成媽祖文化圈。

不斷舉辦特色活動，傳播媽祖文化。三月瘋媽祖是台灣民間信仰一大特色，而大甲媽祖進香活動更是其中的一個高潮。數十萬人的隊伍在星月下趕路，馳名於世。台中縣政府自一九九九年開始舉辦大甲媽祖文化節，就是希望讓民俗藝術代代傳承，讓它完全融入公民生活之中，成為人們休閒生活的一部分。台中縣政府亦希望借助媽祖文化節這一地方特色，讓台中縣傳統而有趣的民俗活動與休閒旅游觀光相結合，帶動台中縣的文化經濟產業，開創全民經濟利益。縱觀大甲媽祖文化節，大致有以下幾個特色：

首先是全球化，近幾年來，各縣市政府源自社區總體營造的策略，爭相舉辦文化節活動，試圖通過舉辦文化節來表達地方重視文化的想法，並強調一鄉鎮一特色。台中縣政府以將大甲媽祖文化節全球化為活動目標，並將此列為縣政府本年度的旗艦計劃之一，通過擴大活動規模以及實施整合性營銷策略，使原本單純的民俗文化活動在主辦單位的刻意包裝下擁有全球化特色。台中縣政府為了將文化節活動推向全球，一再將活動內容豐富擴大，希望通過舉辦文化節活動，將媽祖文化推廣到全球性的文化層次，創造法國的亞維儂藝術文化節傳奇，顏清標更喊出亞洲的梵諦岡的臺灣人氣魄，努力將臺灣變成一輩子一定要來朝拜一次的聖城麥加。

其次，成就社會資本的一部份，媽祖信仰產生於民間，歷經千年而不衰，發展至今依然是一種比較活躍的動態文化。作為動態文化的媽祖信仰，不僅僅是一種觀念、一種信仰、一些程序化的行為，在祭典和進香的整個過程中，媽祖祖祠已經成為人類學家所說的寓意豐富的紐帶象征，它們將領袖與被領導者、高貴者與低賤者維系在一起，共同生活於這個社會世界之中。在祭典過程中，人們等級之間、社會地位之間的差異消失了，他們之間的相互依賴、相互認同的關系凸顯了。不僅顯示了自己的團結，而且在建立一種綿綿不斷，一種永恆。作為民間信仰，它是分散的，不同的地域具有不同的特點和信眾，並形成各有特色的民俗，作為一種文化傳播的產物，卻又有著大致相同的信仰模式。大甲媽祖文化節活動在加強文化深度方面，台中縣政府提供教育部薪傳獎團隊、全國比賽績優表演藝術團隊等團隊加入進香陣容，大大提升了大甲媽祖繞境進香陣頭的內涵與水平。

第三則是產業化，從二〇〇七年台中縣大甲媽祖文化節的活動目標來看，以旅遊為平台，打造以文化為靈魂推動台中縣文化觀光之發展是活動的首要目標。將媽祖廟打造成觀光型媽祖廟的特色，一方面可帶動地方上的發展，一方面可以讓媽祖的歷史文化因信眾的頻繁接觸而長期存在並發生作用。根據台中縣政府建設局針對大甲鎮瀾宮周邊的糕餅、餐飲及手工藝品等商家所做效益分析顯示，糕餅類、餐飲類、傳統手工藝品類均有顯著成長，雖然以上數據不比學術調查步驟之嚴謹，但至少可以看出在大甲媽祖文化節期間，大甲媽祖廟周邊的傳統地方產業收益之可觀。

第四則是年輕化。在眾人印象中，似乎參加進香活動的多是一些上了年紀的人。歷年文化節都將精神寄望於年輕活力的加入，以教師與學生的認同為營造目標。希望邀請全縣學子一同參與，讓傳統民俗文化的意義在校園生根。大家一起來推廣公益事業，弘揚媽祖文化。人們之所以信仰媽祖，是因為善與奉獻是這種信仰的精神內核。憑借民間團體擁有較多的人力、財力、物力以及具有集合群眾力量的特點，媽祖信仰所推動的慈善事業，主要是以媽祖宮廟作為施行的單位。以大甲鎮瀾宮為例，對於信眾所募捐的善款，除運用在宮廟事務、祭祀活動之外，也秉承媽祖庇護蒼生的精神，積極地運用在推行慈善公益事業上，大甲鎮瀾宮的行善宗旨就印証了這一點。

傳說中，媽祖庇民的故事很多，具有扶危濟弱、消災解厄乃至御敵護國的神威，她是一個集真善美於一身的女神。媽祖宮廟亦秉承此精神，施善內容相當廣泛：教育方面，提供獎、助學金獎勵在校優秀學生、為轄內各級學校提供活動經費等；生活方面，濟老扶貧、急難慰助；文化方面，舉辦花燈展及各項民俗才藝活動以及在鎮瀾大樓內專門設置社團、小區活動中心、圖書館等。媽祖宮廟以發揚媽祖濟世救民為宗旨，以關懷社會百姓為己任，取之於民，用之於民，將民間信仰最重要的社會功能以實際行動展現出來，將媽祖精神根植於每一位信徒心中。

但也不得不提的是，現代社會媽祖信仰與政治的關係。政治人物都愛來，媽祖不得不參與政治事務。大甲鎮是台灣中部地區的民間信仰重鎮。每年農曆三月舉行的大甲媽祖繞境進香活動已成為全台一年一度的宗教盛事，因此大甲鎮瀾宮董事長一職就很自然地被賦予了許多資源和權力，這一職位的競爭也是相當激烈。台中縣在政治上分紅、黑兩派，一九九九年，兩派人馬在鎮瀾宮董監事四年一次的改選的過程爭執不下，時任台中縣議長且隸屬於黑派的顏清標參選，不但順利當選而且打破了非大甲、外埔、后里、大安等地的人才能參選的規定。

牽扯兩岸關係的敏感神經，大甲媽祖要回湄洲娘家，是否真為單純的宗教信仰因素呢？還是有其背後更大的原因，這些到底是些什麼，使得當時剛上任的民進黨政府為此即面臨極大的考驗。

在大甲鎮瀾宮和北港朝天宮均提出前往對岸的湄洲媽祖進香，但對於前往湄洲的意義詮釋有極大的差異。甚至對於北京所堅持的四項原則，雙向通航、不得灣靠第三地、不借外籍船籍灣靠第三地需辦台胞證，兩宮亦有不同的感受。大甲鎮瀾宮與北港朝天宮一直都在爭龍頭老大的地位，此次大甲鎮瀾宮要前往湄洲進香，背後的目的便是為了要取的正統，龍頭的地位，而當時北港朝天宮總幹事吳祥認為每年大甲鎮瀾宮的繞境儀式，實在對全台灣的媽祖有所不敬，因為繞境及有上對下的巡視意味，但他認為各地的媽祖或有時間的長短或名稱的不同，但應該都是平等的。由此可知，大家對於龍頭的明暗鬥爭，但是隨著藍綠和解的開始，大甲鎮瀾宮和北港朝天宮也早已經喝起和解咖啡，鎮瀾宮的進香繞境最後一站也來到北港朝天宮，讓整個儀式達到高潮。

而大甲鎮瀾宮直航到大陸去，實在不是可用單純的宗教因素即可簡單的帶過去，而當時顏清標轉述中國非常歡迎宗教直航，而對於台灣所考慮的安全問題，中國則表示：真正考慮國家安全問題，不論是從第三地或是直航都一樣。就各黨的立委來說，此時便可藉此一機會連結在野黨的勢力，要求心政府做出決定，而民進黨立委當時身為執政黨便得全力護航，雙方在立法院便有一政治的角力戰了，只為反對而反對，政治的權力鬥爭便明顯看的出。小三通實施在即，離島宗教直航與交流活動也隨之積極運作，馬祖天后宮更計劃在要在小三通首航，一連串的通航事宜考驗民進黨政府對於兩岸事務的處理能力與態度。

在國家安全上，蔡英文表示，三通或是小三通這是台灣與中國談判非常重要的籌碼，如果貿然三通即會丟掉台灣所有的籌碼。台灣的資源因為三通而被中國大陸全面吸引過去，這是台灣政府最害怕的事，不斷鼓勵企業根留台灣，對於前往大陸投資採借急用忍的政策，而且三通對於台灣的國家安全亦會造成嚴重的威脅。

顏清標本是一個頗有爭議性的人物，儘管如此卻也無法阻攔他一路從縣議員選到縣議長，甚至後來轉戰中央參選立委時，政黨也很有默契的禮讓該選區，順理成章高票當選。顏清標掌握著龐大的地方派系勢力，由他擔任大甲鎮瀾宮董事長帶來許多政治考慮。董事長顏清標在地方所扮演的角色，在奠定大甲鎮瀾宮在全省各媽祖廟中的地位中發揮了促進的作用。

政治人物往往是地方上的精神領袖，所以唯有與地方民眾信仰一致才能贏得群眾的支持。以美國為例，總統羅斯福是聖公會派教徒、杜魯門、柯林頓是浸禮派教徒、雷根是長老派教徒……媽祖信仰在台灣政治人物的心目當中當然也有著舉足輕重的地位，以二〇〇〇年的總統大選為例，一九九九年的媽祖進香繞境活動中，四組總統候選人陳水扁、連戰、宋楚瑜及許信良紛紛趕至台中參加這場宗教盛會，廟方為了避免尷尬場面，還費了一番心思：由連戰進行恭請入轎安座儀式，由宋楚瑜點燃起駕炮，讓陳水扁參加媽祖文化之夜，許信良則參與散香參拜。很明顯，四位總統候選人都想借助媒體的力量，增加出鏡率以爭取眾多媽祖信徒的選票，也正是因為政治人物的參與，大大提升了大甲鎮瀾宮的曝光率，真可謂是雙贏局面。

政治人物爭相做媽祖代言人足以說明媽祖信仰在台灣社會的重要性，他們的表現同時也是為了証明他們在社會各階層中都能造成影響，從而吸引民眾的注意。然而，媽祖信仰在逐步擴展到政治層面的同時應更加注重文化的傳承，因為媽祖文化功能的發揮必須依賴信眾的有效運作，只有當精神信仰能夠滿足人的需求而有效運作時，利用媽祖文化的主體功能來影響選舉才有可能實現。

媽祖具有國家政治上的維和功能，媽祖文化是海峽兩岸交流的重要橋梁和精神紐帶，媽祖作為海上和平女神在新時期具有和平使者的作用。在目前兩岸政治體制和意識形態各異的情況下，在文化交流中最容易引起思想共鳴的還是民間信仰文化。一九八九年五月六日，二百多名台灣人衝破台灣當局的禁令，乘船直抵湄洲朝拜媽祖祖廟；一九九七年一月至五月，湄洲媽祖金身巡遊台灣一百零三天，駐駕三十六個宮廟，接受台灣媽祖信眾一千萬人次的朝拜，在國內引起巨大回響。二〇〇二年七月二十五日，媽祖金身直航澎湖，萬人朝拜，其情景使人熱淚盈眶。二〇〇四年十月二十一日早上八點，湄洲媽祖金身從莆田市湄洲島媽祖祖廟起駕，在五十四位護駕團的陪同下，從福州長樂國際機場乘飛機飛往澳門，參加第二屆澳門媽祖文化旅游節。二〇〇五年，連戰和宋楚瑜分別為湄洲媽祖祖廟題詞：神昭海表和聖德配天。除此之外，在每年的媽祖誕辰日，許多台灣信眾都會通過各種途徑攜帶各種祭品來湄洲祖廟祭祀。

另外，我們可以觀察到電視新聞台播放新聞權力，將進香新聞變成新聞頭條，並提供靈異節目媽祖濟世救人劇本，以及獲得黃金八點檔時段播放媽祖連續劇，到選舉透過教徒不可忽視的選票力量，引導候選人都得來向媽祖致意。選後更不忘最後的利用價值，安排當選者向媽祖還願的焦點新聞。

第三屆海峽論壇兩岸歌手高唱媽祖之歌，但最厲害的共伴效應，絕非只有針對成人世界，媽祖更要征服孩童的心。《海之傳說—媽祖》兒童動畫節目，搭配可愛造型媽祖公仔，手機裡面、網路流傳的卡通媽祖造型娃娃，風靡年輕人與孩童次文化。媽祖更是納入九年國民義務教育！

以國小四年級國語課本康軒版為例，配合目前的媽祖月，進度正為《迎媽祖》第七課。課文除了介紹什麼是迎媽祖、鑼鼓陣活動等鄉土文化認識，不忘將宗教置入性行銷語句：「媽祖很慈祥，會保佑大家的平安」。另外，並給予有爭議性的宗教行為抬神轎美麗的包裝：「……四個人推過來推過去，鞭炮批哩啪啦響起，他們在火花中一邊跑著、跳著，……真是勇敢」。在課本之外的參考書補充教材（現稱《學習手冊》），因為不是正式的課本，便可以光明正大用「課文探測器」專欄詳加討論：「一、文中哪些動作可以看出抬神轎的人真勇敢？答：在火花中一邊跑著、跳著，一邊用力抓緊神轎……」，灌輸學童這是一種勇敢的行為。

接受單一標準答案絕對是大大的錯誤！但目前的鄉土文化教育，不管好的壞的，全都告訴孩子這是美麗的傳說與故事，要沒有分辨能力的學生去欣賞與瞭解，完全接受學習。

這裡列舉幾個例子，先總統蔣公小時候看魚逆流而上的故事，又例如中秋節嫦娥奔月的故事，應該討論后羿的自私，以及嫦娥的偷竊行為是否可取？並進深帶學生討論到夫妻間的相處之道。城隍爺手下七爺、八爺的故事，則可以討論在朋友「守信」之外，是否也應要同時重視生命的價值？害八爺被大水淹死的七爺，其愧疚之心是否可以選擇不要上吊自殺，轉而化悲憤為力量，努力活著盡上好好照顧八爺父母與家人的義務？否則，這種故事豈不讓目前學生的自殺率更加提高？迎神廟會的鑼鼓鞭炮喧天，在重視安靜品質的現代社會，應該討論是否有什麼改進之道？至於放天燈民俗活動，常造成火災或是帶來垃圾，則該共同思考有何解決方法？

十四、民主政治

增值的選舉研究

在歐美國家眼中，地狹人稠的台灣，面積雖小，卻是民主成就閃亮耀眼的象徵，而美國是民主台灣最堅強的盟友。台灣的民主發展備受國際肯定，台灣媒體的自由度與開放性更是有目共睹。台灣民主改革的成就，受到國際社會的肯定。中共在經濟方面是有進步，不過，「我們是民主的國家，大陸敢不敢比一比？」李登輝說，台灣和大陸是對等的，而中華民國的政治改革和民主自由化讓台灣有力量。

在台灣，民主化和本土化之間的合二為一，不但在兩蔣時代如此，即便在民主化之後已然如此。換言之，源於「二二八悲情」的本體化思潮，對內一直是自由民主的最強大催化劑，正是民間本土化思潮催生出台灣第一個在野黨，也正是本土化的巨大壓力，在推動著以國民黨政府放棄反攻大陸的虛幻夢想，立足於台灣本身進行高層的本土化換代的同時，也加快了蔣經國啟動自上而下的解禁進程、開啟了政治民主化大門。

顯然，蔣經國決定開啟民主化的重要動力之一，也是基於立足台灣的本土化考慮。因為，當一九七九年中美建交之後台美中的三角關係發生了實質性的變化，台灣對大陸失去了國際法上的主權優勢，打開國門的中共政權對蔣經國政權展開全方位的統戰攻勢，「第三次國共合作」成為兩岸關係的醒目話題。失去了主權合法性的台灣，要想繼續在國際孤立中獨立地生存下去而不被獨裁大陸收編，就必須尋找在國際上得以立足的新的道義合法性，用符合普世道義的政權合法性來贏得對具有主權合法性的大陸政權的優勢，否則的話，在一個具有主權合法性和另一個不具有主權合法性的兩個獨裁政權之間，國際社會憑甚麼同情和支持不具有主權合法性的台灣？而建立這種道義優勢的唯一途徑就是民主化。所以，在官民雙方的共同努力下，台灣民主從誕生之日起，就具有對外抗拒中共獨裁和減緩國際孤立的雙重壓力的長遠戰略意義。

台灣從一九九六第一次總統民選後，完成民主政治、自由民主及社會多元化，這些成就必須讓大陸同胞有所了解。全世界的潮流是朝民主化、全球化、資訊化前進，若無法跟隨世界進步，則國家就無法發展。而建立一個文明、現代化的國家，是我們持續努力的方向。隨著民主的逐步深化，在地化的研究也逐步產生，也讓許多國外政治學界學者跌破眼鏡，例如排藍民調、排綠民調的出現。民進黨為了端出能勝選的候選人，在初選程序上加計民調。現在，民進黨發現，民意調查的結果會受到泛藍干擾。因此，民進黨「上下吵鬧」，想辦法要以「排藍民調」、「排綠民調」消除這些干擾，這是選舉研究學者所瞠目結舌的重大突破，我們看到台灣選舉研究的創意與發想。

首先來看「排藍民調」，早期民進黨公職提名是由黨員投票和幹部評鑑所決定，後來引進民調，甚至將民調比例調到百分之七十，黨員投票僅剩百分之三十，但比起純粹的黨員投票，民調為重的提名制度真的為民進黨產生較具大選競爭力的人才嗎？還是只牽成一群僅重視媒體、卻忽略基層心聲的政治寵兒？

「人頭黨員」這個名詞不但讓民進黨員長期被汙名化，還被拿來做為「民調決定提名」的藉口，這對黨員來說是相當不公平，其實民進黨員有自主性的還是居多數，而且透過宣揚理念來招募黨員也是從政同志的義務，換個角度來說，比「排藍」更走樣的民調弊端如大量裝設電話、大規模發出如何回答民調的宣導單等，在各次選舉各選區不是舉目可見嗎？為何這沒有成為討論民調是否該存在的議題呢？

以人頭黨員為例，其實各黨都有，一般而言，兩黨都差不多。候選人只要「養殖」為數不少的人頭黨員，在初選上就會占便宜，其實應該要有「政黨法」來規範較完善的政黨內部秩序。黨內投票選舉有關賄選的法規範，情形也是如此。由於沒有「政黨法」的條文加以規定，幾乎成為各政黨都很頭痛，無法改革進步的問題。黨內選舉特別是初選，可不可以用政府公費加以補助。如果可以，更可以予以法制化，讓黨內民主更可以落實。政黨內部的民主健全，才是國家民主政治健全的基礎。因此，對於政黨內部秩序的規範，應為當務之急。

而許多民調論者平時不致力於組織經營，在黨內部檢討的時刻，卻以廢除「排藍」來發難，難怪會引起派系的炮口相向，因為這不是以黨的永續發展為前提，個人往後初選出線與否的考量恐怕才是提案的動機，那麼政黨可能淪為僅為選舉而存在的掮客性政黨。

接著來看「排綠民調」，民進黨總統初選，蘇貞昌與蔡英文陣營為「唯一支持」吵得沸沸揚揚，外界卻「霧煞煞」。到底什麼是對比式民調？而挺蔡英文的謝長廷率先發難提出的「唯一支持」，又為何演成爭議？民進黨檢討二〇〇八年總統初選的互比式、排藍民調，這次改為對比式、全民調，三個問題如：「你支持蔡英文或馬英九？」、「你支持蘇貞昌或馬英九？」與「你支持許信良或馬英九？」，而不是像上次先問「你的政黨傾向為何？」，如果回答泛藍則不再問，是謂「排藍」，如果回答非泛藍，才繼續問支持的民進黨參選人，是謂互比式。

而對比式民調的遊戲規則是，如果蘇蔡其中一人贏馬，由此人勝出。但如果蘇蔡都贏馬或無人贏馬，則比較蘇蔡民調的絕對值，例如，蘇：馬為三十七：三十八，蔡：馬為三十八：四十，雖然蘇馬差距只有一個百分點，蔡馬差距兩個百分點，但蘇蔡絕對值為三十七：三十八，由蔡勝出。

很有趣的是蔡英文支持者在臉書上，狂PO教戰卡通VCR。影片「二〇一二就是要小英」：「請問你支持國民黨的馬久久，還是民進黨的蘇昌昌，來當我們的總統？我唯一支持蔡英文。抱歉，我們的意思是，你支持國民黨的馬久久，還是民進黨的蘇昌昌，來當我們的總統？我只支持蔡英文，不然就是小英。」蘇陣營因此認為，「唯一支持」呼籲蔡英文支持者在被問及「蘇馬對比」時不要支持蘇貞昌，實質上是「排蘇」，也無異回到二〇〇八年的排藍民調，違背民進黨此次設計「對比式全民調」，是要找出與馬對決勝算最高者的用意。

無獨有偶的，為爭取黨內立委選舉提名，中國國民黨籍立法委員羅淑蕾在黨內初選民調也用「唯一支持」策略，對此國民黨表示，這樣的行為非常不當，而同樣投入初選的國民黨籍委蔣孝嚴則批評這是詐術，羅淑蕾則回應希望黨中央不要一味打壓。

從投票率來看，英美向來被視為民主國家與公民社會的典型，台灣若要在民主政治與公民社會發展上超英趕美，投票率還有下降的空間。更何況選民不再激情，有助於公共事務理性辯論空間的形成，長期而言是種好事。

從肉桶政治的角度來看

單一選區多數決的影響。單一選區的結果會是什麼呢？從美國的例子來看，單一選區促成了政府支出的擴大。因為每一個選區都只選出一個代表，這樣一個代表就會傾向於爭取一些法案給自己的選區，增加很多肉桶立法的可能性。這個肉桶立法的特性就是利益很集中於那個選區，他的成本卻是外溢的。政治人物想要把利益交給她的支持者，而支持者必須要把選票貢獻出來。但問題是，誰是我的支持者，能夠代表政黨出來角逐的人選何者最容易被選民給接受，這是一個難處，支持度是否能夠幻化成選票值得討論。

「自由而且公平的選舉」（free and fair elections），是當代民主政治最基本、最起碼的條件或者要求。我們通常根據選舉是否自由而且公平，來判別一個政體究屬選舉民主（electoral democracy）還是選舉威權政體（electoral authoritarianism）。不過，「自由而且公平的選舉」中的「公平」一詞，相對於「自由」而言，毋寧承載了比較複雜、多元、乃至若干具有高度理想性格的規範價值。選舉程序公平性，取決於有爭議的政治價值判斷。就算一個選舉程序滿足了我們對於政治公平的底線要求，我們可能還會進一步期許它能夠「更公平」些，意即讓制度更趨近於政治公平的一種民主規範理想。

思辯政治公平之於選舉民主的規範要求與規範理想，不僅是民主理論與民主法（the law of democracy）理論的基本課題，也經常是一項關係到選舉民主能否鞏固與深化的現實考驗。台灣從過去威權時代邁入民主政治，在許多有識之士用血淚披荊斬棘一路走來才有今天的局面，台灣的民主自由也成為台灣人的驕傲，在國際上發光發熱，然而在正式用選票來選賢與能的過程中，卻大走偏鋒發生了一些畸形怪現象，各候選人各出奇招，為的是求打敗對手能勝選出線。因此也無所不用其極的使盡招數：抹黑、栽贓、黑函滿天飛、暴力威脅、苦肉計、悲情牌、藉重量級的光環增加聲勢、遊街叫囂、謾罵、造勢晚會、利用記者會以媒體隔空開戰揭人瘡疤等步數一一出籠，但其中最出色的招數就是用錢買票。

「選舉沒師父、用錢買就有」的傳統陋習，讓候選人深信不疑，相信只要錢一出手，選票就源源不斷的掉進口袋。所以一千、二千甚至三千都毫無吝嗇的飆出去。這種手法無異是挑戰人性的弱點，在現實社會見錢眼開的濁流中，也蠻管用。但反思一下，其實這是在侮辱選民的尊嚴，也是蹧蹋選民的人格。殊不知，選前買票的候選人，選後一定會想盡辦法撈回本錢的，這時選民才會覺悟到最後損失的還是自己。不過，隨著民主的深化，此一現象已逐步減少。

「公平選舉」孕育多重的思考路徑，黨內初選很簡單，就是要推出未來在大選時能拿到最多選票的候選人。初選辦法是科學，不是政治。在選舉研究方法上，屬於最基本的描述性流行病學，也稱之為「預測式流行病學」。例如，你想知道全校三千學生有多少人想吃排骨、多少人想吃雞腿。但調查三千人太累，故取一較小的樣本來調查，希望用此結果去預測三千人的喜好。以小樣本推大群體，當然會有可能的誤差，我們需先決定可接受多大的誤差，再決定應抽樣多大的樣本。而利用數學、統計學的前題是隨機抽樣，避免有系統性的誤差。

在問卷設計方面。各政黨的民調中心應該建立一個「假問題」（又稱「障眼題」，dummy question）題庫。這些題目可以問出受訪者藍綠傾向，題庫約三十題，在每次進行民調的時候，都隨機放入五則這樣的「假問題」，並讓真的問題和「假問題」隨機交錯出現。但「假問題」不能被識破，故不是公告周知。設計這樣的題目，可以達到兩個目的：第一是可以篩選胡亂回答的受訪者，有些民眾受訪意願不高，不管什麼題目都回答某個選項，或者通通回答「是」或「否」，只想儘快結束問卷，「假問題」可以過濾掉這種受訪者（結果不採用）；第二個目的，是過濾掉「偽裝」成泛綠選民的泛藍選民。

我們時常將民主選舉比擬為一種競技性的賽局或者比賽。我們一般對於運動比賽及其規則（the rules of the game）是否以及如何做到公平的想像，相當程度形塑了我們對於公平選舉的直觀期待。公平比賽要求賽局規則應該客觀、明確；不能有不合理的差別對待，不能淪為操控比賽結果的工具；規則的執行與裁判必須公正、中立；球員不可以兼裁判；參賽者必須遵守遊戲規則，不可以舞弊。公平選舉亦復如此。從選舉程序的適正規制、選務的中立執行、選舉司法的獨立與公正，到參選者要有運動家精神的公眾期待，乃至許多人對於黑函、買票等惡質競選手段的嫌惡——諸多有關公平選舉的底線要求或者規範理想，都可以從賽局式的公平觀尋求理解。

最近又快要到了選舉的時候。從電視媒體到街頭巷尾開始的廣告旗幟標語布條，還有那一張張精心打扮設計過的政治人物面孔，想要不注意到都很難。因為民主政治在選舉上的實務作法，就是讓人民用選票一張張的選出自己心目中理想的候選人。但是這種選舉制度，本身有一個很大的問題在於，各位選民們，你們獲得與這些候選人相關的訊息管道是什麼？

這是個各種資訊爆炸的時代，也是媒體力量透過二十四小時播放的電視頻道與網路無遠弗屆的傳達到每個角落的時代。而當媒體揭露出來的訊息，只是被糖衣包裹的部份真相，有多少人能有迅速的判斷出這些訊息背後有多少利益的糾葛與私心？另外，每次選舉到了，就又是政黨開始要拿政績出來秀的時刻。

從以前報章雜誌所報導的台灣「蚊子館」或「蚊子工程」的現象，在台灣有多少的公共建設，是因為政治人物在所謂振興經濟或者平衡地區發展等冠冕堂皇的口號下為了工程而工程？沒錯，營建產業是國家經濟的火車頭，那是因為每每一個建設計畫動輒數百億的經費與時間資源，而這龐大的金額，都是人民繳稅的錢啊。難道不應該回歸到專業的判斷，讓真正需要與適合台灣這個環境與人民需求的建設，得到妥善的規劃與施工嗎？而現在我們所看到的情況是，因為總統任期的限制，再加上政黨輪替之間的銜接與鬥爭，公共建設已經完全淪為執政者討好選民的籌碼，而當這一個個的建設計畫與選票劃上等號，也就牽涉到數量龐大且錯綜複雜的利益與權力結構，這時許多表面看來荒腔走板，但知道內情的人大概也就知道這荒腔走板的表面底下，埋藏的卻是少數人的私利與權力的慾望。

說實話，「排藍」的意義不大，而且根本排不掉，「排藍」顧名思義是要排除藍色選民的意見，理由不一而足，大抵是怕藍色選民play tricks，在接到電訪後，故意說出心中比較不合意的人選，來降低民進黨的勝算。問題是，所謂的排藍，據我粗淺的認知就是，進行民調之初，向受訪者提問政黨屬性為何，選項大概有深藍、淺藍、無、淺綠、深綠，也有人對台聯有美麗的誤會，把他等同於「深綠」。問題來了，民調完成後，標記為「淺藍」、「深藍」的民調扔到字紙簍，由「淺綠」及「深綠」的意見交織匯集成的提名名單就石破天驚的問世了嗎？

非也，稍為觀察陸客來台最愛看的台灣各台call in節目都不難發現一個現象，少部分call in進去先聲稱自己是國民黨幾十年老黨員的，通常都會批評國民黨；更多急著標榜自己是無黨籍外加超然中立，甚至還聲稱他二〇〇〇、二〇〇四年都投過阿扁一票，二〇〇八年更是投過馬英九一票，接下來絕對是一段無厘頭的謾罵。當然，十通有一通還算言之有物，因此，民進黨的「排藍」根本排不掉這些聰明透頂的「偽綠軍」。

選舉文化的發展是一個長期的過程，也是特定政治結構發展變化的結果。長期悲情動員和族群動員隨著時間的推移和選舉的持續不斷強化影響了臺灣選舉文化的基本樣態。典型的表現就是政治發展日益顯現出民粹化的傾向，具體表現就是選舉中的政治動員逐漸向極端化方向滑動。在這種選舉文化下，選舉活動經常偏離正常民主關懷和社會價值系統的常態，有時甚至表現為激烈的社會對抗，在政黨的主流論述上也表現出強烈的排他性和非寬容性。臺灣的選舉文化自二十世紀五〇年代縣市自治制度推行以來已經歷了近半個世紀的演進歷程。在臺灣選舉文化形成過程中，臺灣社會的政治結構變遷產生了決定性影響，所以從選舉當中所衍生出來的情況更值得耐人尋味。

選舉文創產業：三隻小豬與台灣平安符

選舉不僅是候選人人際關係和財力的綜合火拼，同時也是其宣傳造勢招數的展覽舞台。為了討選民歡心，籌集競選經費，最終獲得選票，候選人想方設法推出各種各樣的選舉產品。觀察過台灣選舉的人都知道，選舉過程的一道奇特風景，就是藍、綠陣營都會推出形形色色的Q版造型、選舉吉祥物、紀念品等，一方面為選舉籌款，另一方面為選舉造勢。這些東西，讓民眾覺得政治並不那麼「生人勿近」，也有親切、可愛的一面，能縮小政治人物與群眾之間的距離。

隨著選舉進入最後倒數階段，藍綠陣營雙方無不卯足了全勁組織動員，影響所及，社會處處充滿商機，「選舉可帶來財富」，這話是一點也不假，單從報章雜誌、電視甚至網路，每天播放的各種競選廣告看來，受惠的行業就包山包海，從廣告公司、公關公司、廣告製片公司到演員等，無不爭相利用選舉賺錢機會，狠狠撈上一筆。

藍綠界線外顯化，台灣社會的泛政治化，自古已然，於今尤烈。政客逮住他人辮子窮追猛打，官僚面對外界指責，習慣視為敵人「抄家滅族」的鬥爭，連一般行政疏失都作如是攻防與解讀，單純的藝文專業也因而變得複雜不堪。尤其選戰期間集各種政治口水之大成，勝選是唯一目標，「贏者全拿」成為基本戰略與戰術。大部分候選人缺少人文涵養，不注意藝文議題，放任大型看板、旗海與造勢活動「汙染」空間環境，卻又極端留意風水地理，競選總部的方位、格局、顏色與啟用時辰，皆得高人指點，經電視名嘴與江湖術士闡揚，選戰的政治硝煙多了一層神怪色彩。不同的是蔡英文與民進黨運用「三隻小豬」，製造了有助於她的選舉聲勢，不容否認，這是成功而有效果的宣傳活動，這股熱潮甚至炒熱了蔡的選情。

綠營打出「大豬小豬手牽手，陪同小英選總統」。三隻小豬為紅、綠、藍三色。蔡英文解釋，紅豬代表陽光，綠豬代表溫暖，藍豬則代表包容。三隻小豬，緣自於蔡英文活動中，有小朋友拿著小豬撲滿捐款給蔡英文，此舉引發行政部門對小朋有捐款適法性的討論，這個捐款動作，改為家長，趁勢改為全國性募款與造勢，先發撲滿給民眾，再來回收，民眾有參與感，支持的勢情得到加溫與持續。

監察院關切小朋友捐撲滿，卻引發「三隻小豬」政治獻金風波，成為監察院會焦點話題。監察院表示會要求同仁依法行政，也要考量選舉文化與政治敏感，避免「公親變事主」。每隻小豬身價充其量不過一、二千元，然而聚沙成塔，金額可達數億，更重要的，虛擬的小豬繁殖場凝聚群眾，帶動選舉氣勢，「用自己養大的小豬對抗大野狼」，各種ＫＵＳＯ版的小豬也紛至沓來。

民進黨宣稱三隻小豬最大的意義，在於選舉文化形塑的過程，但台灣大小選舉的文化內涵與公共景觀，確實亟需改善。相對民進黨聲勢因「豬」而漲，國民黨對這個議題進退失據，先是淡化，繼而訴諸道德，批判三隻小豬扭曲孩童金錢觀，並抨擊在野黨「百萬」塑膠小豬屍體將對環境造成莫大汙染，為了強化指控，不惜替民進黨虛張聲勢？接著又發放總統平安符（福）抗豬，民眾能從總統手上得到平安符，充滿喜樂與珍惜，但個人的歡喜是否會不敵三隻小豬的故事、畫面與群聚效應。

在民間沸沸揚揚的藍綠兩大陣營的「活動」，以「三隻小豬」、與「平安符」對陣，雙方陣營激起論戰，持平而論，民進黨的三隻小豬，是隨興而起的造勢，未料如野火燎原，帶來張力與募款的效應，而且還在發燒，而平安符用馬英九的光環送出，帶來人氣，殊不知台灣人在那叫天天不應、叫地地不靈的時空背景裡，唯一能夠倚靠的就是這不到一寸見方的「平安香火」，冀望神明能夠給予生存的無形力量，卻也成為選戰焦點。

而台灣平安福是一個非常有「延展力」的創意概念，相較於日本御守，日文是お守り（おまもり），羅馬拼音為OMAMORI、中文叫做「護身符」，也就是「平安符」的意思。日本的御守相當於台灣的平安符，只是往往有特定的祈求目的；不像台灣的平安符，祈求目的比較沒那麼多元；不過，台灣的平安符是到廟裡燒香求得，日本的御守則是屬廟中販賣性質，很不一樣！甚至熱門時，買御守還要排隊呢！馬總部也將再推出搭配「國旗包」的「學業平安福」，只要到總部或上網購買國旗包，就附贈「學業平安福」。「養豬千日，終須一別」，小豬聚集是否像民間剖豬公一樣，取出「腹內」，祭拜天地、叩謝三界，豬肉餽贈親友鄰居？目前看到從專業策展角度，在適當地點、空間結合環境景觀，排列出台灣意象，改變公民對「政治」、「選舉」的刻板印象，讓充滿故事性、傳奇性與趣味性的數十萬隻小豬形成的空間、造型與意象，呈現動人、壯闊的藝術效果。

三隻小豬形成人民養豬運動，極可能是二〇一二年總統大選，甚至台灣選舉史上最成功的造勢活動，超越二〇〇四「牽手護台灣」運動。追根究柢，這個創意可能是誤打誤撞的集體即興，以及許多路人甲路人乙扮演臨時演員的結果。三隻小豬運動能否表現不同層次的選舉文化，值得觀察。選戰方酣，要求早已暈頭轉向的政黨重視藝文內涵與視覺景觀，未免如同與夏蟲語冰。然而，在選舉文宣與造勢活動的內容、材質與視覺、空間裝置多一點「藝術」與用心，善莫大焉。三隻小豬展現民眾自發性創作潛能的「設計」，也有為城市創意加分的效果。

談到台灣的選舉文化，牛肉在那裡，一般選民似乎不太會關心，政治人物也苦惱如何讓選民知道牛肉在哪裡，因此，選舉的競選花招和一般商業宣傳手法，如出一轍，民眾或許不察，只是換另外一種宣傳包裝罷了，每每都是樂隊花車法（Band Wagon），製造從眾心態，每個人都這樣做，你應該也這樣做。回顧一下一九九六年以來的選舉商品與文化意象，分述如下。

一九九六年總統選舉，民進黨遭受了空前的挫折，民進黨的彭明敏大敗給李登輝。為了反省，民進黨領導層走向基層、巡迴舉辦座談、聽取公眾意見。不少年輕人都抱怨，和民進黨人交談，就好像和自己的爺爺奶奶說話一樣，整天糾纏在白色恐怖二二八等沉重的歷史課題上，根本難以叫他們這些新生代產生共鳴。聽了這些意見，民進黨痛定思痛，嘗試告別悲情、重新上路。以往綠營選舉時都依賴悲情和控訴，例如陳定南一九九四年角逐省長時，以「四百年來第一戰」作為號召；相反，陳水扁在同年選台北市長時，卻將「希望的城市，快樂的市民」作為口號，投射出截然不同的政治風格和氣息。

候選人善用形象美學，而相對於扁陣營的「扁帽一族」，馬陣營成立「馬軍團」，一些青年以走秀的方式展示了產品設計特色和年輕人的活力。馬英九把「驫軍團」的工作交給台灣如是創意行銷公司負責，公司初期以一千多萬元新台幣投資研發生產選舉產品共二十五種，包括自行車、手表、T恤、背包和毛娃娃，價格從五十元至三千五百元不等。二〇〇二年，八德路上馬英九競選總部（鎮元驫局）等處設有專櫃銷售，市民還可以在雅虎奇摩網站上購買。記者會現場，馬英九親自戴上有原住民圖案的帽子，試騎印有「一路走來，始終如一」的自行車，並為購買產品的市民簽名。與以往競選產品有所不同的是，馬英九表示，驫工坊的運作和競選總部無關，商品收入不會作為競選經費，部分將做公益用。

二〇〇四年，泛藍陣營也推出「藍天戰隊」、「同心協力」等系列義賣品，將國民黨主席連戰塑造成「戰哥」，打破連戰以往形象。二〇一〇年五都選舉，競選台北市長的蘇貞昌，以其競選口號「超越」為名，成立了「超越小鋪」，賣的不是「產品」，而是「商品」；不再以候選人本身當主要訴求，而是用「台北意象」當主題；販售的東西，不再是選舉場上慣有的帽子、T恤，而是近來時下所流行的潮T、個性徽章，或是充滿日系風格的職人圍裙、木製印章等文創商品；店面裝潢也很「文創」，不少觀光客還以為是在賣生活雜貨，結帳時才發現，原來是跟選舉有關。更重要的是，就連販賣方式也翻新，不再像過去在造勢晚會擺攤賣，更不要求大量進貨，而是搞「預購」、推「限量」，還強調全程「台灣製造」，以純商業的行銷手法經營。從「扁帽」到「超越小鋪」，再到「小英商號」，從以往訴求男性、硬底子支持者，到女性、年輕化的軟性訴求，從求量求速度，邁向朝精緻化、潮流化，從濃濃選舉味，到講求設計為主；從擺攤叫賣，到可退換貨、開發票、標明產地，猶如台灣社會近十年來的商品發展、演進過程。

和幾乎一睜開眼便看見一個民主世界的年輕人相比，我們六年級這代對「選舉」的態度和感受比較複雜，對戒嚴時期有著朦朧的印象，萬年國代退位的記憶也有點模糊，但是，所謂「公民身分」伴隨著國會、地方甚至總統大選產生確實的感受，當我們意識到這一點，台灣已經進入了每一年都有大大小小選舉的時代：滿街的選舉布條、旗幟，及和震耳車聲相抗衡的競選宣傳車，當然還有比夜市還吵鬧的造勢晚會，甚至於還有細膩的「選舉文創產業」，這都已是台灣必要的風景。對此，我們雖時而感到厭煩，但也懷抱著感謝，因為不知道有多少東南亞和中國大陸朋友羨慕我們，並對我們說：「要珍惜」。

社會科學類　PF0075

臺灣文創新論
——臺灣社會的十四項另類文創觀察

作　　者／彭思舟、吳建忠
責任編輯／邵亢虎
圖文排版／王思敏
封面設計／蔡瑋中

發 行 人／宋政坤
法律顧問／毛國樑　律師
出版發行／秀威資訊科技股份有限公司
114台北市內湖區瑞光路76巷65號1樓
電話：+886-2-2796-3638　傳真：+886-2-2796-1377
http://www.showwe.com.tw
劃撥帳號／19563868　戶名：秀威資訊科技股份有限公司
讀者服務信箱：service@showwe.com.tw
展售門市／國家書店（松江門市）
104台北市中山區松江路209號1樓
電話：+886-2-2518-0207　傳真：+886-2-2518-0778
網路訂購／秀威網路書店：http://www.bodbooks.com.tw
國家網路書店：http://www.govbooks.com.tw

2012年2月BOD一版
定價：250元

國家圖書館出版品預行編目

臺灣文創新論：臺灣社會的十四項另類文創觀察 / 彭思舟、吳建忠作. -- 一版. -- 臺北市：秀威資訊科技, 2012.02

面； 公分. -- (社會科學類；PF0075)

BOD版

ISBN 978-986-221-903-4(平裝)

1. 文化產業 2. 臺灣

541.2933　　100027716

讀者回函卡

感謝您購買本書，為提升服務品質，請填妥以下資料，將讀者回函卡直接寄回或傳真本公司，收到您的寶貴意見後，我們會收藏記錄及檢討，謝謝！如您需要了解本公司最新出版書目、購書優惠或企劃活動，歡迎您上網查詢或下載相關資料：http:// www.showwe.com.tw

您購買的書名：________________________________

出生日期：________年________月________日

學歷：□高中（含）以下　□大專　□研究所（含）以上

職業：□製造業　□金融業　□資訊業　□軍警　□傳播業　□自由業

□服務業　□公務員　□教職　□學生　□家管　□其它____

購書地點：□網路書店　□實體書店　□書展　□郵購　□贈閱　□其他

您從何得知本書的消息？

□網路書店　□實體書店　□網路搜尋　□電子報　□書訊　□雜誌

□傳播媒體　□親友推薦　□網站推薦　□部落格　□其他________

您對本書的評價：（請填代號　1.非常滿意　2.滿意　3.尚可　4.再改進）

封面設計____　版面編排____　內容____　文／譯筆____　價格____

讀完書後您覺得：

□很有收穫　□有收穫　□收穫不多　□沒收穫

對我們的建議：________________________________

____

____

____

請貼
郵票

11466
台北市內湖區瑞光路 76 巷 65 號 1 樓
秀威資訊科技股份有限公司 收
BOD 數位出版事業部

（請沿線對折寄回，謝謝！）

姓　　名：____________　年齡：________　性別：□女　□男

郵遞區號：□□□□□

地　　址：________________________________

聯絡電話：(日) ______________ (夜) ______________

E-mail：________________________________